Antonio Mira de Amescua

Las lises de Francia

Edición de Vern Williamsen

Barcelona **2024**
Linkgua-ediciones.com

Créditos

Título original: Las lises de Francia.

© 2024, Red ediciones S.L.

e-mail: info@linkgua.com

Diseño de cubierta: Michel Mallard.

ISBN tapa dura: 978-84-9953-539-5.
ISBN rústica: 978-84-9816-104-5.
ISBN ebook: 978-84-9897-581-9.

Cualquier forma de reproducción, distribución, comunicación pública o transformación de esta obra solo puede ser realizada con la autorización de sus titulares, salvo excepción prevista por la ley. Diríjase a CEDRO (Centro Español de Derechos Reprográficos, www.cedro.org) si necesita fotocopiar, escanear o hacer copias digitales de algún fragmento de esta obra.

Sumario

Créditos _____ 4

Brevísima presentación _____ 7
   La vida _____ 7

Personajes _____ 8

Jornada primera _____ 9

Jornada segunda _____ 57

Jornada tercera _____ 95

Libros a la carta _____ 133

Brevísima presentación

La vida

Antonio Mira de Amescua (Guadix, Granada, c. 1574-1644). España. De familia noble, estudió teología en Guadix y Granada, mezclando su sacerdocio con su dedicación a la literatura. Estuvo en Nápoles al servicio del conde de Lemos y luego vivió en Madrid, donde participó en justas poéticas y fiestas cortesanas.

Personajes

Clodobeo
El Rey de Borgoña
El conde de Barcelona
Alarico
Leoncio
Teodato
Aureliano
Clodomira
Amalasunta
Crotilda
Un alarde
Un labrador
Un mercader
San Martín
Un ángel
Pastores
Cautivos
Soldados
Criado
Músicos

Jornada primera

(Sale un alarde, y uno con un estandarte lleno de sapos y otro con una pica y en ella una cabeza, y otro con una fuente y en ella una corona, y Clodobeo en un carretón, vestido de romano con una corona de laurel y dos leones que tiran del carro y dos músicos, y Clodobeo saca una carta en las manos, y cautivos y presos. Canten.)

Música	«Bien merece Clodobeo
	aqueste gallardo triunfo,
	pues asombra con su nombre
	las cuatro partes del mundo.
	Ríndale el reino de España
	y las naciones [adjuntos]
	que el invicto Clodobeo
	no es [moria] como los suyos.»
Clodobeo	Si el triunfador es romano
	y el que triunfa César es,
	en los méritos le gano
	pues soy Hércules francés
	ya que no nací Tebano.
	Pero en una cosa fío
	que aunque Roma mostró brío,
	en majestad y en blasón,
	nunca tuvo corazón
	de la grandeza que el mío.
	Su fascinación es tan alta,
	su valor tan sin segundo,
	que como lugar le falta,
	quiere hacer su cuerpo al mundo
	y así de mi pecho falta.
	Esa cabeza desvía
	que con bárbara arrogancia

	desde Italia pretendía
	serlo del reino de Francia
	sin tener miedo a la mía.
Alarde	¡Quita! Que es caso feo;
	que el invicto Clodobeo
	siendo temido gigante
	se espante de ver delante
	la cabeza de un pigmeo.
(Vase.)	
Clodobeo	Para dar al mundo espanto
	la abatí su bizarría,
	alta no lo ha estado tanto
	que en fin en bajo vivía,
	y ya muerta la levanto.
	Bien es que esté de esta suerte
	porque al enemigo fuerte
	se ha de dar muerte crecida
	con palabras en la vida
	y con obras en la muerte.
	Porque del laurel Francés
	coronarse en vida quiso,
	de esa guirnalda que ves
	que un tiempo fue paraíso
	y ya funesto ciprés,
	honrando al muerto enemigo
	de la manera que digo
	dirá su reino infiel
	que yo no he triunfado de él;
	pero que él triunfó conmigo.
	Si el valor se galardona,
	yo le doy esa corona,

              y a tal grandeza lo subo
              por el ánimo que tuvo
              de atreverse a mi persona.

(Pónenle una corona en la cabeza.)

Soldado   Ya está su frente ceñida.

Clodobeo   Ponla así en el muro fuerte
                porque su gente atrevida
                le vea honrado en la muerte
                pues se laureó en la vida.
                   Y el mundo a quien miedo [diera],
                viendo esa cabeza hoy
                entre una y otra bandera,
                considerando quién era,
                echara de ver quién soy.
                   En mi estandarte Francés
                honrar los sapos no es malo,
                y aquestas flores que ves,
                pues que ya a Marte me igualo
                y aún más ganaré después.
                   Hoy las cárceles abrid.
                Todos merced me pedid
                con la lengua del deseo,
                porque soy, sin ser hebreo,
                otro Sansón y David.
                   Soy un Pompeyo romano,
                Anibal cartaginés,
                y soy León Africano,
                y aun soy quien rinde a sus pies
                al bárbaro godo hispano.
                   Los Césares ya difuntos
                fueron pintados trasuntos

>   del corazón que poseo.
>   Soy el francés Clodobeo
>   y soy más que todos juntos.
>   Publíquese mi trofeo
>   para que crezca mi nombre
>   tanto como mi deseo.

Soldado   Eres Marte, no eres hombre.

Otro   ¡Viva el grande Clodobeo!

(Salen Aureliano y Clodomira, y Leoncio.)

Aureliano   El reino pide una cosa
                    en que muestra la afición
                    de tu sangre valerosa.

Clodobeo   ¿Y qué pide en conclusión?

Aureliano   Que elijas, señor, esposa.

Clodobeo   Los ánimos levantados
                    de los que somos soldados
                    no eligen eso que quieres,
                    porque tornan las mujeres
                    los hombres afeminados.
                      Sabed que es el casamiento
                    muerte mezclada en contento,
                    pasatiempo con cuidado
                    y, en el hombre regalado,
                    nunca cupo atrevimiento.
                      ¿Cómo un hombre ha de poder
                    oír los fuertes rüidos
                    que suele el tambor hacer,

    si enternecen los oídos
las voces de una mujer?
    ¿Qué ha de hacer el homicida
del enemigo francés,
si su mujer muy querida
le dice echada a sus pies:
«¿Agora te vas, mi vida?».
    Si con esposa me adorno,
y tarde a mi casa torno
porque mi ejército marcha
el enero con la escarcha,
y el julio con el bochorno,
    ¿cómo hallaré a mi mujer?
¡Cansada ya de esperar
para su gusto y placer!
O me tiene de olvidar
o cuando no, aborrecer.
    En efecto el buen soldado
no tiene de ser casado,
porque le impide el amor
y suele echarse el honor
en lecho desocupado.
    Y aunque suelo yo preciarme
de no temer, decir puedo
que desde que sé acordarme
de nada he tenido miedo
sino solo de casarme.
    Mas yo, por Francia, lo haré
como mujer se me dé
a mi gusto, honesta y bella.

Aureliano   Una propondré que en ella
está en cifra el abecé:
    afable, buena, callada,

                        dama, excelente, famosa,
                        gallarda, hermosa, ilustrada,
                        liberal, maravillosa,
                        princesa, calificada,
                            sublime, Tabia en beldad.
                        Tiene pompa y majestad.

Leoncio   Tres te faltan.

Aureliano   Así es;
                        mas ella tiene otras tres,
                        Que adora la eternidad
                            y es Cristiana.

Leoncio   ¡Gran defecto!

Clodobeo   ¿Y quién es ella?

Aureliano   Sobrina
                        de Grundibaldo.

Clodobeo   ¿En efecto,
                        es hermosa?

Aureliano   Es peregrina.

Leoncio   No vio el mundo tal sujeto.
                            ¡Mas agora está en prisión!

Aureliano   ¡Gran crueldad!

Clodobeo   ¿Por qué razón?

Clodomira   Por llevar gente bisoña

	su padre, [el] Rey de Borgoña, en la civil disensión. Matóle su mismo hermano con engaño y con traición.
Clodobeo	¡Barbaridad de tirano! Para salir de prisión menester será mi mano. En mi nombre real le den de su reino el parabién, Leoncio y Aureliano; que yo le daré temprano el castigo a su desdén. Procuren ver su sobrina y si tan hermosa fuere, como en Francia se imagina, pídanla.
Aureliano	¿Y si no la diere?
Clodobeo	Por la majestad divina, que si tal atrevimiento supiere en su pensamiento, con mi poder inmortal en su reino desleal un mar hiciera sangriento. Veinte mil hombres llevad y si es hermosa y la niega, abrasadle la ciudad.
(Sale un Criado.)	
Criado	Mensajero de paz llega a hablar a tu majestad.

Clodobeo	Entre.
Aureliano	La mano me [des].
	No, mejor será los pies
	que mueven tu cuerpo tanto
	del reino de España espanto
	y columna del francés.
Clodobeo	Procurad que ella reciba
	estos humildes despojos.
Aureliano (Aparte.)	(¿Hermosísima cautiva
	quien habrá que sin tus ojos
	un solo momento viva?)

(Vanse Aureliano y Leoncio, y sale un mensajero labrador.)

Labrador	Poderoso Clodobeo,
	universal vencedor,
	con majestad y trofeo
	de que tengas más valor
	[que] el mundo tiene deseo,
	y, pues que Dios te ha criado
	tan temido y respetado
	que fama tu nombre tiene
	desde el quemado Pirene
	al Etiope abrasado,
	cuando al Rey Sagrio venciste
	si al templo de los cristianos
	de su despojo eximiste,
	¿por qué sacrílegas manos
	le dejaron pobre y triste?
	Un soldado le robó

	y dos cálices tomó
	con que el altar se servía,
	fue en efecto tiranía
	que tu justicia eclipsó.
Clodobeo	¿Sabes tú quién fue el soldado?
Labrador	No señor.
Clodobeo (Aparte.)	(Yo lo sabré
	y pagará su pecado.)
	Hazaña francesa fue.
	Valor tuvo como honrado.
	Yo a Sajonia me partí.
	Su Rey tirano vencí.
	Hoy triunfé de la victoria,
	y a la perpetua memoria
	mi nombre eterno ofrecí.
	Licencia a mi gente he dado
	que despojasen la tierra,
	Tomólos como soldado
	y lo ganado en la guerra,
	en efecto, es bien ganado.
	Si conozco quién es hoy,
	verás qué premio le doy.
Soldado (Aparte.)	(No es tiempo ya de callar;
	yo se los quiero enseñar.)
	Poderoso Rey, yo soy.
	Estos cálices serán
	en esta causa jüeces.
	Ellos el valor dirán.

(Va a dáselos al Rey, y tiénele [Clodobeo].)

Clodobeo   El valor que tú mereces,
                estas manos te darán.
                   ¡Infame, vil, mal nacido!
                ¿Qué ley bárbara ha movido
                tu cobarde y traidor pecho
                para que presa hayas hecho
                en despojo prohibido?
                   Los que te vieron tomallo,
                por mi mandamiento y ley
                han podido entitulallo;
                que disfamar [puede] a un Rey
                el delito de un vasallo.
                   En los templos reservados
                entraste sin mi licencia.
                Yo reniego de soldados
                que han menester mi presencia
                para ser ellos honrados.
                   Pero aquél que no lo es
                no debe de ser francés.
                Mas hoy sabrán los cristianos
                que yo premio con las manos
                y castigo con los pies.

(Dale una coz y mátale.)

                   Éstos los cálices son
                del templo de Dios sagrado,
                que por tenerle afición
                una cristiana he buscado
                en que dejar sucesión.
                   Toma.

Labrador   Besaré la mano

de un cuerpo que es más que humano.
Augusto el mundo te nombre.
No quiera Dios que tal hombre
carezca de ser cristiano.

(Dale [Clodobeo] los cálices y se va.)

Clodobeo   Mi clemencia mostrar quiero
entre justicia y rigor,
porque el mundo lisonjero
que hoy me llama vencedor
diga que soy justiciero.
   Justicia es mi corazón,
yo un ministro que la sigo.
Mis manos balanzas son:
la izquierda pesa el castigo
la derecha el galardón.
   Vea el pueblo este castigo
y procure ser mi amigo,
porque yo más gloria hallo
en castigar al vasallo
que vencer al enemigo.

(Dicen dentro todos.)

Teodato   Lugar para entrar nos dad.

Criado   Es mucha temeridad;
que el que así se atreve muere.

Clodobeo   ¿Qué es esto?

Criado   Un hombre que quiere
hablar a tu majestad.

Clodobeo   Entre, pues.

Criado   ¿Con armas?

Clodobeo   Sí;
que de nada me acobardo.
Armados nunca temí.
Si yo mismo no me guardo,
¿quién me ha de guardar a mí?

(Salen Teodato y Amalasunta con un pistolete escondido en la mano y en hábito de hombre.)

Teodato (Aparte.)   (Valerosa Amalasunta,
al infame pecho apunta
que vivos escaparemos
y cuando no, moriremos
con honra y venganza junta.)
        ¡Rey de Francia, Rey de Francia!
El de las muchas victorias,
el que hasta agora ha triunfado
de la Alemania y Sajonia,
tú que espantas a las gentes
con las famas de tus obras,
y a pesar de mil monarcas
padre del mundo te nombras;
tú que te hallas tan ufano
porque el orbe te conozca
que las alas de la fama
y región del aire cortas;
tú que el hombro valeroso
y el membrudo brazo adornas
con las insignias de Alcides

	a pesar del mundo arrojas;
	tú, que esas sienes reales
	ciñen laurel y corona,
	que ni el tiempo ni la muerte
	podrá marchitar sus hojas...
(Aparte a ella.)	(¡Tírale ya, Amalasunta!)
Amalasunta	(Mal podré tirar, perdona.
	¡Qué gallardo! ¡Qué robusto!
	¡Qué majestad! ¡Qué persona!)
Teodato	Tú que vences a los reyes
	y el ribaldo cuello cortas,
	de aquel malogrado cuerpo
	que tantos príncipes lloran...
	(¡Tírale, acaba!)
Amalasunta	(¡Buen talle!)
Teodato	(¿En la muerte le das honra,
	deshonrándole en la vida?
	¡Acaba ya!)
Amalasunta	(¡Qué persona!)
Teodato	No son hazañas de Francia
	derramar la sangre goda
	con soberbia y tiranía
	mostrando cara piadosa.
	Victoria ha sido la tuya
	con qué las pasadas borras,
	dos caras con él tuviste
	como moneda de Roma...

	(¡Dispara el fuego encendido para que el pecho le rompa!)
Amalasunta (Aparte.)	(Señor puede ser del mundo. ¡Malhaya quien no le adora!)
Teodato	Huérfanas y tristes dejas las provincias de la Europa. Luto visten por su muerte las naciones más remotas. Venganzas pide a los cielos la tierra esmaltada y roja con la sangre de sus venas a quien yo vengaré agora. El que mata a su enemigo, uno mata y muchos cobra que sus amigos y deudos la muerte a su cargo toman. Nunca estarás, Rey, seguro. Contadas tendrás las horas. Siempre vivirás inquieto. Miedo tendrás de las sombras. ¿Agora estás descuidado?
(Aparte.)	(¡Tira ya!)
Amalasunta (Aparte.)	(¿Qué bien, qué gloria han hallado aquí mis ojos? ¿Yo matalle? Estaba loca. La venganza de mi esposo me trujo a Francia forzosa, dispuesta a perder la vida; pero ya murió la honra. Busqué mi fuerte enemigo, vilo, perdí la memoria

	de los enojos pasados. ¡Qué hazaña maravillosa!)
Clodobeo	Acaba ya tu embajada.
Teodato	¡Y tú [sin] vida, señor! ¿qué haces? ¿En qué imaginas?
Amalasunta	En su vista milagrosa.
Teodato	En efecto, Clodobeo, ya tu malicia pregona desde la blanca Alemania hasta la negra Etiopia. ¡Ah, tímida, mal nacida! En ausencia, ¿eres leona y agora mansa cordera?
Amalasunta	No puedo, que soy piadosa.
Teodora	¿Invención ha sido tuya para matarme, traidora? ¿No te basta con los ojos si no también con la boca?
Clodobeo	¿Qué es al fin lo que pretendes?
Teodato	Hallarme en batalla a solas contigo; que soy su hermano del Rey Sagrio.

(Vase a entrar Teodato, y Amalasunta le dispara el pistolete al entrar a la puerta.)

Clodobeo	¡Espera, torna! Pero ya salgo a buscarte. No me huyas ni te escondas. Daré a tu cuello otra lanza y a tu vida otra corona.
Amalasunta	Vuelve, invicto Clodobeo, al asiento real que adornas; que yo a su aleve cuerpo le di por alma una posta.
Teodato	¡Ay, de mí!
Amalasunta	El fuego que trujo contra tu vida famosa acabó la infame suya. Ya su cólera reposa.
Clodobeo	¿Quién eres hidalgo mozo?
Amalasunta	Tu enemigo fui hasta agora; pero ya, gran Clodobeo, me suspendes y aficionas.
Clodobeo	Dime, mancebo, tu nombre.
Amalasunta	Agora no me conozcas.
Clodobeo	Préndesme el alma, por Dios.
Amalasunta	Y tú el corazón me robas.
Clodobeo	¿A qué viniste?

Amalasunta	A vengarme.
Clodobeo	¿Quién te ha ofendido?
Amalasunta	Tus obras.
Clodobeo	¿En qué?
Amalasunta	Ya no son ofensas.
Clodobeo	Pues, ¿qué son?
Amalasunta	Rayos de gloria.
Clodobeo	¿Te has de vengar?
Amalasunta	De otra suerte.
Clodobeo	¿Oféndote?
Amalasunta	Me aprisionas.
Clodobeo	¿De qué modo?
Amalasunta	Con la vista.
Clodobeo	¿Tienen mis ojos ponzoña?
Amalasunta	Tienen flechas y me matan.
Clodobeo	¿Qué temes?
Amalasunta	Mi dicha corta.

Clodobeo   Yo lo estimo.

Amalasunta   Yo te adoro.

Clodobeo   ¿Qué dices?

Amalasunta   Que me enamoras.

Clodobeo   Hombre soy.

Amalasunta   Eres más que hombre.
Eres furia belicosa,
eres relámpago y trueno,
que al mundo tímido asombras.

Clodobeo   ¿Vaste?

Amalasunta   Sí; que me conviene.

Clodobeo   ¿He de verte?

Amalasunta   Eso me importa.

Clodobeo   ¿Cuándo?

Amalasunta   Después.

Clodobeo   ¿Dónde?

Amalasunta   Aquí.

Clodobeo   ¡Extraña y confusa historia!

(Vanse y sale Clodomira.)

Clodomira	¡Extraña imaginación! ¿Qué sospechas la alimentan o sueños humanos son que muerte me representan? Cielos, ¿Hay tal confusión? ¿Si es Teodato? Verlo quiero... su rostro he visto. ¿Qué espero? Su propia voz conocí, y basta ser contra mí para salir verdadero. Ya mis ojos serán ríos, mis razones desvaríos, mis bienes serán antojos pues están sin luz los ojos de quien la tienen los míos.
(Sale Teodato.)	
	A Francia vine cautiva porque al son del atambor siguiendo tus pasos iba; mas hoy mirará el amor con mi muerte una fe viva. Escucha, ¿no me conoces?
Teodato	¡Amalasunta! ¿Sois vos? [...]
Clodomira	Vivo está, pues no soy dios que resucitan mis voces.
Teodato	Amalasunta crüel, es razón que el pecho me abras

27

	estando tú dentro de él.
Clodomira	Vivo está, mas sus palabras tienen acíbar y hiel.
	De Amalasunta se acuerda.
Teodato	Antes que la vida pierda, fue grande crueldad, señora, pues matas a quien te adora.
Clodomira	Para mi muerte recuerda.
	¿No ves que soy Clodomira?
(Aparte.)	(Después que me ha conocido de mala gana me mira.)
	Mi bien, ¿estás muy herido?
Teodato	¡Ay, de mí!
Clodomira	¿Cómo suspira? ¿Quieres que te cure yo?
Teodato	¡No!
Clodomira	¿Pues, quién?
Teodato	Quien me hirió.
Clodomira	¿Fue Amalasunta?
Teodato	Ella fue la que mi hirió.
Clodomira	¿Con qué?

Teodato	Con los ojos me mató.
Clodomira	Con temerarios recelos tu vida lloré perdida; mas vida le dan los cielos. Ya, mi muerte que no es vida la que se pasa con celos. ¿Si te podrás sustentar para llevarte a curar?
Teodato	Si, podré.
Clodomira	¿Quién no se espanta de mi mucho amor? Levanta, que en hombros te he de llevar. A ser Anquises te ofrece, y Eneas a mí me cuadre; que así mi amor lo merece; que él llevó en hombros a su padre, pero yo a quien me aborrece.
Teodato	Amalasunta, ¿dó estás?
Clodomira	Aunque esto escucho le quiero. ¿Quien vio tal amor jamás?
Teodato	Clodomira, yo me muero.
Clodomira	De amores de otra dirás.

(Vanse y salen el Rey de Borgoña y Aureliana y Leoncio y otros.)

Rey	Huélgome mucho que mi sangre adquiera con la casa de Francia tal ventura,

	y quiera ser mi deudo Clodobeo.
	Hoy dejaréis, famosos capitanes,
	a mi sobrina en todo venturosa.

Aureliano   Nuestro Rey lo será con su belleza.

Rey   Vuestro ejército vi, [hombres] franceses,
            y por la majestad del cielo santo,
            que nunca he visto gente más lucida.
            ¡Qué dispuestos soldados! ¡Qué gallardos!
            ¡Qué unánimes en todo! Al fin regidos
            por dos tan excelentes capitanes.
            Llama a Crotilda. Di que verla quieren
            los dos más valerosos capitanes
            que tuvieron los césares del mundo.

Leoncio   Es propio de los príncipes famosos
            honrar con ese término al humilde.

Rey   Gran victoria ha tenido Clodobeo
            con poca gente, solo confiado
            en el valor de su pecho generoso.

Aureliano   Salió en su seguimiento echando fuego
            por los ojos de cólera y rabia
            que hasta el cielo alcanzaba con la vista,
            cuando comete bravo y animoso
            esgrimiendo la maza como Alcides,
            y en sintiendo los golpes poderosos
            teme la gente, y en tropel confuso
            huyen del monstruo que este nombre daban
            al invencible príncipe de Francia.
            Juntáronse en el campo cuerpo a cuerpo
            los dos reyes, al fin rindióse Sagrio.

	Digo rindióse; hallóse sin la vida. Volvió triunfando a Francia Clodobeo; mas ya Crotilda viene.
Leoncio	¡Ay, Dios! ¿Qué veo?
(Sale Crotilda.)	
	Crotilda muestra tristeza.
Rey	Trata con más alegría a los huéspedes.
Aureliano	Su alteza nos dé sus manos.
Crotilda	Sería humillar vuestra grandeza.
Leoncio	Besarémoste los pies.
Crotilda	De los franceses no es humillarse a nadie.
Leoncio	Sí; mas quien no se humilla a ti no se tiene por francés.
Aureliano	La francesa gente fuera [ya] como el bravo español, con eternas famas fiera, pero a la luz de tu Sol está obligada a ser cera. El águila que conquista

                la luz del Sol con la vista
                a sus hijos reconoce,
                y Francia al suyo conoce
                en que ese Sol no resista.

Leoncio   ¡Qué rostro [bello! ¡Oh,] qué trenza!

Aureliano   ¡Qué cabellos! ¡Beldad rara!
                Y agora más, que comienza
                a tener su hermosa cara
                la rosa de la vergüenza.

Crotilda   Sin duda alguna procura
                saber si tengo cordura
                vuestra lisonja y favor.

Leoncio   Es centro del mismo amor.

Aureliano   Es cárcel de la hermosura.
(Aparte.)   (El Rey sin tenella amor
                jüez me hizo [aqu]esta vez
                de su hermosura y valor.
                Causa es mía. Yo soy juez.
                Juzgar quiero en mi favor.
                  ¡Ay, amor! ¡Ay, mal profundo!
                Rey que no tiene segundo,
                néctar de engaños y asombros,
                hoy pongo sobre mis hombros
                el mayor peso del mundo;
                  porque la mayor pasión
                para un hombre principal
                es hallarse en ocasión
                donde la sangre leal
                desampare el corazón.)

Rey	Hoy nuestro honor subir veo
en las alas del deseo
al cielo de la constancia.
Hoy eres Reina de Francia
y mujer de Clodobeo.
Crotilda	Siendo yo cristiana, ¿tratas
casarme con un pagano?
Dieron sus manos ingratas
muerte a mi padre y hermano,
¿y agora el alma me matas?
Hoy el demonio sutil
un cuerpo ilustre hace vil,
y así tengo por muy llano
que es peor el mal cristiano
que el bárbaro más gentil.
Que yo soy espejo repara
donde Dios su ley ha visto,
no quiera mi suerte avara
que en el espejo de Cristo
mire el demonio su cara.
Casarme así no es razón,
porque los cristianos son
vasos de Dios y no es bueno
que quieras echar veneno
en un vaso de elección.
Los que se casan, ¿no ves
que son un cuerpo, una pieza,
pues, ¿cómo, si un cuerpo es,
tendrá gentil la cabeza
y católicos los pies?
Si del mismo Dios sagrado
son un retrato los dos,

        no estará mal retratado
si un lado parece a Dios
y al demonio al otro lado.
    Si dos cuerpos, en efeto,
vuelve en uno el matrimonio,
dime, pues eres discreto,
¿podrán Cristo y el demonio
caber en solo un sujeto?
    Esta sangre es tuya, dala
a un cristiano que la iguala
y pues soy, famoso Rey,
espada de buena ley,
no me des guarnición mala.

Rey

    ¡Por el cielo en quien confío
que ensangrentaré el cristal
con aqueste hierro frío.

Leoncio

Tente, aunque eres inmortal,
divino imposible mío.

Crotilda

    Hiere el pecho en quien se ve
un alma que toda fue
de Dios, y si al pecho tocas
se verán en él más bocas
con que confiese mi fe.

Aureliano

    Ten, señor, más guardadas
tus lágrimas estimadas.
No rieguen tus santas venas
los claveles y azucenas
de esas mejillas rosadas.
    No marchiten este día
noches de melancolía.

	Las flores de tu hermosura
cobren ya nueva frescura
con el Sol de tu alegría.
Que esas lágrimas que adoro
dan a la tierra un tesoro
de perlas y de cristales.
Crotilda	Mejor dijeras corales
pues es sangre la que lloro.
Rey	No lloras así supieses
que los franceses han sido
lo mejor del mundo y vieses
que te damos por marido
el mejor de los franceses.
Sal de tanta necedad
pues el que rinde a los reyes
te ofrece su majestad.
Crotilda	Habiendo entre ambos dos leyes,
mal habrá una voluntad.
Leoncio (Aparte.)	(Vea yo este alegre día
que el Rey de Borgoña envía
este rostro sin segundo;
que a pesar de todo el mundo
ha de ser la presa mía.)
Aureliano (Aparte.)	(Amor, que mi intento ves,
muévele el pecho que quiera
ser esposa del francés,
que yo, aunque por ello muera,
pienso gozalla después.)

Rey	Empiece a marchar la gente, que ya mi sobrina siente que está honrado su deseo, porque yo al gran Clodobeo pienso envialle un presente que, porque me están llamando cosas del reino forzosas, no la voy acompañando.
Leoncio (Aparte.)	(¡A qué mejillas hermosas están sus ojos bañando!)
Crotilda	¡Qué así mi vida aniquiles en mis años juveniles! ¿A mí un gentilita escucho? No está católico mucho quien busca deudos gentiles. Montes de razón desnudos, decid mi mal y en sus labios moved sus peñas construdos; que en tan públicos agravios bastarán testigos mudos.
Rey	Partid, capitanes, luego; que ella tendrá más sosiego viéndose ya en el camino.
Aureliano (Aparte.)	(Vertiendo aljófar divino va encendiendo más mi fuego.)

(Vanse y salen Amalasunta y un mercader.)

Mercader	Honra del linaje godo, a cuyos hermosos pies

debe estar el mundo todo,
¿qué razón hay porque estés
en Francia de aqueste modo?
  Que estando así disfrazada
de tu reino desterrada,
emprendes alguna cosa
o de mujer valerosa
o de dama enamorada.
  Pues, agora en traje de hombre
o quieres serlo en la ropa
como en valor, pues tu nombre
hace hasta Francia y Europa
que de sus hechos se asombre.

Amalasunta   Ya la fama de mi vida
volando al aire no mida;
ni me dé el título agora
de la goda vencedora
mas de la goda vencida.
  En Francia entré de esta suerte
por querer vengar la muerte
de un hombre que tuvo amor
y al fin salió vencedor
y trocósenos la suerte.
  Aquéste el Rey Sagrio era
a quien venció fuerza fiera
cuya victoria no calla
la sangre de la batalla
ni la gente lisonjera.
  Vengar quiso con recato
su muerte, pero Teodato
me descubrió que quería
venir en mi compañía
a matar al Rey ingrato.

    Cególe amor imagino,
intentó el traidor forzarme
viniendo por el camino,
mas yo por poder vengarme
di fin a su desatino.
    Apenas los dos llegamos
y al Rey de Francia miramos
para ser sus homicidas
aventurando las vidas,
cuando los dos nos helamos.
    Él de miedo, yo de amor.
Él con temor de venganza,
yo esperando su favor,
y al fin yo tuve esperanza,
faltó a mi brazo valor.
    Que mi noble sangre apenas
vido sus partes tan buenas
cuando al corazón corrió
a dalle aviso y dejó
desamparadas las venas.
    Rendida allí, como digo,
muerte di a Teodato airada
por matalle su enemigo
y por la ofensa pasada.

Mercader	¡Extremado fue el castigo! Mas, famosa Amalasunta, respóndeme a una pregunta: ¿qué es tu amor? ¿Qué es tu deseo?
Amalasunta	Que dé vida Clodobeo a mi voluntad difunta.
Mercader	No puede, porque se casa

	con Crotilda.
Amalasunta	¡Oh, santos cielos! El corazón se me abrasa.
Mercader	El Rey viene.
Amalasunta	¡Ah, crueles celos!
Mercader	Oye, verás lo que pasa.

(Salen Clodobeo y la guarda.)

Clodobeo	Huelgo, mancebo, de verte, porque las veces que pienso que diste a Teodato muerte echaste sobre mí un censo con que obligaste a quererte. Y así, mancebo, te digo que dar muerte a mi enemigo y en cobrarme esa afición me has puesto en obligación de ser siempre muy tu amigo. Dime, mancebo, ¿quién eres?
Amalasunta	Si la palabra me das que todo lo que me oyeres en tu pecho guardarás.
Clodobeo	Y aún la mano si la quieres.
Amalasunta	Si mano de esposo fuera más que un reino la quisiera.

Clodobeo	Palabra y mano te doy
de guardar secreto.
Amalasunta	Estoy,
siendo de bronce, de cera.
Sepa, pues, tu majestad...
Clodobeo	Mira que digas verdad.
Amalasunta	Y yo a decirla me ofrezco,
la verdad es que apetezco
tus prendas y calidad.
(Aparte.)	(Mi pensamiento liviano
quiere que diga el amor;
mas viendo que honra no gano,
tiéneme muda el temor
y hago señas con la mano.)
Poderoso Rey de Francia,
a quien los cielos no han visto
de su pompa derribado
ni de los hombres vencido,
yo nací, según entiendo,
entre las olas de un río,
que en mi vida variable
no conozco otro principio.
Son mis sucesos de monstruo,
y como a tal imagino
que me parieron las aguas
y me engendraron los ríos.
En una cesta de juncos
me sacaron dos egipcios
de una de las siete bocas
por donde entra al mar el Nilo.
Ventura tiene a las veces

el que ha de ser afligido
porque se conserva en ellas
para mayores peligros.
A su Rey me presentaron,
agradéle aunque los niños,
como lo son, nunca saben
agradar por buen estilo.
Amparóme Tolomeo
con regalos cuando niño,
cuando mancebo con galas.
En fin de esto cobré bríos;
que el que nace desdichado
vuelve a su trabajo antiguo.
Un aire fueron mis bienes,
mi majestad fuego ha sido,
peregriné por el agua
y hoy por tierra peregrino.
Al fin entre mis sucesos,
uno fue que Teodorico,
Rey de los godos e Italia
me recibió en su servicio.
Yo como poco prudente,
anduve desvanecido,
también como algunas damas
me daban nombre de lindo,
imitando a Amalasunta
cuya fama habrás oído.
Es efecto su hermosura
cegó mi libre albedrío
y también como la vide
casi quedé sin sentido.
Cegóme, que es el amor
un furioso basilisco,
callando vio que la hablara

que son transparentes vidrios
los ojos por donde el alma
ya muchas veces le ha visto.
Descubríla mis deseos,
y ella enojada de oíllos,
para quitarme la vida
quitó la vaina al cuchillo.
Volví los pies y ella airada,
«¡Infame rapaz!» me dijo,
«solo el grande Clodobeo
tiene de ser mi marido".
Viendo, pues, su pecho casto,
teniendo otro peregrino,
bajéme al Rey de Borgoña
de mi amor arrepentido.
Sirviéndole en su palacio
como mancebo, me vido
Crotilda... —¡Dije su nombre!—
¡Oh, mal haya mis sentidos!
Si el hombre calla la lengua,
hace el corazón su oficio,
y [da] lengua al corazón
cuando le ven divertido.
Mas tú guardarás secreto.
Al fin, Crotilda me dijo
que si yo te diese muerte
se casaría conmigo.
Aborrécete en extremo.
No sé qué causa haya sido
mas bástale ser cristiana
para hacer tal desatino.
Acompañóme Teodato
determinado a lo mismo,
y yo de ti aficionado

                        di la muerte a tu enemigo.
                        Ésta, señor, es mi historia
                        que brevemente te he dicho,
                        temiendo que mis palabras
                        enfadasen tus oídos.

Clodobeo   ¿A mí, muerte inhumana?
                        Aquestas manos sangrientas
                        muerte te dieran temprana
                        si como hoy me lo cuentas
                        me lo contaras mañana.
                            ¿Contra mi grande poder
                        se ha atrevido una mujer?
                        Mas, ¿qué me espanto, que digo
                        si es el mayor enemigo
                        cuando da en aborrecer?
                            ¡En buena mujer me empleo!
                        No pudiendo con la mano
                        me mata con el deseo.
                        Denle aviso a Laureano
                        parte a Borgoña un correo.
                            Casarme no quiero ya.
                        Quédese Crotilda allá;
                        que mujer que ha aborrecido
                        o matará a su marido
                        o el honor le quitará.
                            Y, al que es autor de mi pena
                        ponedle en una cadena.

Labrador   Pues, ¿a mí, señor? ¿Por qué?

Clodobeo   Por poner en su abecé
                        ce por casta y be por buena.

Amalasunta	Es de la razón espejo.
	Perdónale tú, señor,
	y admite de mí un consejo.
Clodobeo	Eres muy mozo.
Amalasunta	En amor,
	más sabe el mozo que el viejo.
	Yo he servido a Teodorico,
	Rey de Italia y godo rico,
	y sé que su hija te adora.
	Cásate con ella agora.
Clodobeo	¿Es hermosa?
Amalasunta	Certifico
	que es de muchos pretendida,
	y es en efecto gentil.
Clodobeo	Ya de su fama extendida
	sé que es mujer varonil
	mas no es bien que al Rey la pida
	que es mi enemigo. Primero
	sabré si me quiere.
Amalasunta	Quiero,
	pues que su fama te agrada,
	llevarle yo una embajada
	que por servirte me muero.
Clodobeo	Bien has dicho, inorabuena!,
	con ella a solas lo ordena,
	desde aquí la tengo amor,
	y aunque es de poco valor

	ponla al cuello esta cadena,
	y dila quién se la envía
	y tú, mancebo, confía
	de mi amor y mi amistad.

Amalasunta   Yo sirvo a tu majestad.
                ¡Venturosa suerte mía!

(Vanse y salen Leoncio, [Aureliano] y Crotilda.)

Leoncio   No se camine la siesta.
                Pare luego la carroza.

Crotilda   Buena sombra será aquésta.

Leoncio (Aparte.)   (Y mejor si mi alma goza
                    de tu gloria manifiesta.)

Aureliano   ¿Qué tienes?

Crotilda   Melancolía.

Aureliano   Para el Sol de medio día
                sirva de nube esta sombra,
                y de cojín y de alfombra
                esta yerba y fuente fría.
                    La corriente de agua pura
                llevará al mar tus enojos.
                Ya quisiera esta espesura
                que fueran las hojas ojos
                para mirar tu hermosura.

Crotilda   Nada me puede alegrar.

Leoncio (Aparte.)   (Ocasión quiero buscar
　　　　　　　　　　para cumplir mis intentos.)

(Vase Leoncio.)

Aureliano (Aparte.)   (Hoy logro mis pensamientos
　　　　　　　　　　en este oculto lugar.
　　　　　　　　　　　　Solo en efecto he quedado.
　　　　　　　　　　Quiero descubrir mi amor.
　　　　　　　　　　Pero no, que soy honrado
　　　　　　　　　　y siendo vidrio el honor
　　　　　　　　　　mal se remedia quebrado.
　　　　　　　　　　　　Pero no será razón
　　　　　　　　　　que pierda mi pretensión
　　　　　　　　　　por no dar muerte a mi honra;
　　　　　　　　　　que en efecto no es deshonra.
　　　　　　　　　　Pero sí, que es gran traición.
　　　　　　　　　　　　Mientras descansa y reposa
　　　　　　　　　　la ocasión lograr pretendo.
　　　　　　　　　　Pero como que es hermosa
　　　　　　　　　　no lo haré; que al Rey ofendo.
　　　　　　　　　　Mas, ¿qué digo? Aun no es su esposa.
　　　　　　　　　　　　Hoy mi corazón honrado
　　　　　　　　　　sigue aprisa lo que veo;
　　　　　　　　　　él morirá despeñado
　　　　　　　　　　que es su caballo el deseo
　　　　　　　　　　y corro desenfrenado.
　　　　　　　　　　　　Mi amor me dice que embista
　　　　　　　　　　y la razón que resista
　　　　　　　　　　No verla será mejor
　　　　　　　　　　que es basilisco el amor
　　　　　　　　　　y se ceba con la vista.
　　　　　　　　　　　　Mas temo que el corazón
　　　　　　　　　　me dice, ¿Por qué permito

        dejar tan buena ocasión?
        Lo que intento es apetito
        y lo contrario es razón.
          Es el gusto breve gloria.
        Del bien dura la memoria.
        Yo he adorado una cautiva
        y mi alma en ella estriba.
        ¡Víctor, la razón, victoria!

(Vase Aureliano y salen Leoncio y su criado.)

Crotilda   Cuando pienso adónde voy,
                        pierdo, mi Dios, el sentido.
                        Pero, al fin, forzada soy.

Leoncio   ¿Estás ya bien advertido?

Criado   Tú verás como lo estoy.

(Vase el criado.)

Leoncio   Señora, ¿tanta tristeza?
                        Alégrese vuestra alteza
                        en este campo florido
                        cuya jardinera ha sido
                        la misma naturaleza.
                          Por él su cristal dilata
                        un arroyo que se pierde
                        cercado de hierba grata
                        que parece capa verde
                        con guarniciones de plata.
                          Ya esos árboles quisieran
                        que sus ramas se volvieran
                        en racimos de esmeraldas

        para que hechos guirnaldas
        tu hermosa frente ciñeran.
          Y yo, que en tu rostro adoro,
        verte ya en París deseo
        mandar gente y pisar oro.

(Sale el criado.)

Criado   Rey de Francia, Clodobeo,
                lo que pretendes ignoro.
                   No ocultes más tu persona
                que el ejército se altera
                y se ofende tu corona.

Leoncio   A darte la muerte fiera
                tu maldad te galardona.
                 ¡Infame! ¿Yo no he mandado
                que esté quién soy ocultado
                a Crotilda mi mujer
                hasta que la pueda ver
                alegre? Mas, ¿quién te ha dado
                 tan bárbaro atrevimiento?

Criado   Perdona, Rey poderoso.

Leoncio   Tendré esta vez sufrimiento
                por aqueste rostro hermoso
                que roba mi entendimiento.

Criado   Goza de la coyuntura
                que yo seré centinela.

(Vase el criado.)

Crotilda (Aparte.) (¿Éste es el Rey? ¡Suerte dura!
           Parece que se desvela
           el cielo en mi desventura.
              Por extremo le aborrezco.)

Leoncio   Si como galán padezco
           desdenes y desfavores,
           vuestros regalos y amores
           como marido merezco.
              Perdonadme si hasta aquí
           mi nombre eterno y famoso
           de vos, Crotilda, encubrí,
           que a ver ese rostro hermoso
           oculto a Borgoña fui.
              Pero ya que en Francia estamos
           y casi a París llegamos,
           goce yo de esa hermosura
           y envidiarán mi ventura
           fuentes, prados, montes, ramos.
              ¿Mas triste mi bien estás
           después que me he declarado?
           ¿Cómo los brazos no das
           a un marido apasionado?

Crotilda   Mejor mi pasión dirás.

Leoncio   Pues mi grande amor me tiene,
           darme un abrazo conviene
           pues estoy sin gente...

(Responde el Criado de dentro como eco.)

Criado   ¡Gente!

49

Crotilda	¡Detente, hombre, detente!
Leoncio	...y así me conviene.
Criado	Viene.
Leoncio	¡Ea, presto, aguarda!
Criado	Guarda.
Leoncio	¿Cómo tu respuesta tarda? Desde los peñascos huecos me han respondido los ecos.

(Sale Aureliano.)

	La centinela es gallarda.
Aureliano	¿Descansa Crotilda?
Leoncio	Sí.
Aureliano	Cuando fuere tiempo, avisa que yo la acompañe aquí.
(Aparte.)	(Y pondré por mi divisa que yo propio me vencí. Quiero excusarme de vella porque siendo ella centella encenderá mi pasión.)

(Vase Aureliano.)

Leoncio	Infunda en esta ocasión Venus hermosa su estrella.

Crotilda	Tus bellos brazos me des. Cuando seas mi marido yo te los daré después.
Leoncio	¿Qué ocasiones se han perdido solo por ese después? Por un «después» al real de Jerjes le vino mal; que vida y gente perdió. Por un «después» no ganó a Roma el grande Anibal. Y pues que estás sola, vuelve, un solo abrazo me da, [mi pasión ya se resuelve]. Mas dilación no haya.
Criado	Ya.
Leoncio	Mi intento resuelve.
Criado	Vuelve.
Leoncio	Mi amor aquí se concluye [...] en gozar de tu beldad.
(Sale Aureliano.)	
Aureliano	Carta de tal novedad grandes sucesos arguye.
Leoncio (Aparte.)	(Mi invención se ha de saber y me ha de costar la vida;

                    pero remedio ha de haber.)

Aureliano   Una estafeta es venida.

Leoncio   ¿Y trae nuevas?

Aureliano   De placer;
                     pero muy confusas son.

Leoncio   Sepamos la confusión.

Aureliano   La carta te lo dirá.

Leoncio (Aparte.)   (Grandes sospechas me da
                     mi afligido corazón.)

(Lee.)   Leoncio, Aureliano, por cosas justas
                     que me mueven conviene a mi servicio que
                     viendo ésta os partáis a Francia sin tratar
                     de mi casamiento, y si está tratado, no lo
                     efectuéis. Y si acaso venís con Crotilda,
                     dad orden como acá no llegue, porque esto
                     importa y en resolución no la quiero ver.
                     Yo el Rey.

                     ¿Qué causa le movería?

Aureliano   Eso me tiene espantado.

Leoncio   Bien de Crotilda sería.
                     Casi en locura ha parado
                     su mucha melancolía.

Aureliano   Muy triste está. Yo lo creo.

Leoncio	Dice que soy Clodobeo
y que he de ser su marido.
Aureliano	Desdichada en todo ha sido.
Que nos hablase deseo.
Crotilda (Aparte.)	(Quizá podré con mi llanto
hacer que cristiano sea.
Dilatarélo entre tanto
hasta que remedio vea.
Dadme favor, cielo santo.)
Rey de Francia poderoso,
de cuyo nombre famoso
teme el más famoso Rey
o recibe tú mi ley
o no quieras ser mi esposo.
¿Qué ley, ni razón humana
juntó jamás en el mundo
un gentil y una cristiana
con hombre que es sin segundo
pero en ser mi esposo gana?
Así de tu majestad
tiemble cualquier potestad
y el gran Imperio Romano,
que tú te tornes cristiano
o me des la libertad.
Aureliano	¡Gran lástima! Efectos son
del angustia que tenía.
Leoncio	Afligido un corazón
engendra melancolía.

Crotilda	¿No respondes?
Leoncio	Desvaría.
Aureliano	¡Por cierto, extraño dolor! [...]
Leoncio	¿Qué tienes determinado?
Aureliano	Lo que el Rey nos ha mandado. Llama al viejo labrador que está en esta casería y el cargo le dejaremos de que la guarde.
Leoncio (Aparte.)	(Sería mi remedio.)
Aureliano	Al Rey diremos su mucha melancolía, y si le puede mover y mudar de parecer por ella podrá enviar.
Leoncio (Aparte.)	(Yo así la podré gozar. Cierto será mi mujer.)

(Sale el labrador.)

Aureliano	Bien venido, viejo honrado, con el tiempo y con la fama tened en casa cuidado de regalar esta dama que será muy bien pagado;

	que es mujer de calidad.
	Importa a su majestad
	la diligencia y recato.
Labrador	Siempre hallaréis en mi trato
	obras de mucha verdad.
	¡A fe que es hermosa y lozana!
Aureliano	No desciende tan hermosa
	de los montes la mañana,
	ni es tan alegre la rosa
	teñida en sangre o en grana.
Leoncio	Regaladla con amor.
Labrador	A mi cargo está, señor,
	que su rostro lo merece.
Leoncio	Ingrata y falsa, padece
	pues no me diste favor.

(Vanse todos y quedan el labrador y Crotilda.)

Crotilda	No ha sido mi bien pequeño
	que me hayan así dejado.
	En efecto es Dios mi dueño.
	Todo el disgusto pasado
	se me ha convertido en sueño.
Labrador	No estéis triste por quedaros
	entre estos laureles claros;
	que parecen en la rama
	leche que el monte derrama
	para solo regalaros.

Veréis llena de ganado
toda esta verde ribera,
que no se parece el prado
en partes que es primavera,
y en partes que está nevado.
　En ese bosque de día
el Sol entrarse porfía,
la hoja lo está estorbando
y con el Sol retozando
parece de argentería.

Crotilda　　　　No dio gozo semejante
la salud al hombre enfermo
la posada al caminante
ni al melancólico el yermo,
y el buen puerto al navegante,
　la victoria al vencedor,
ni al pretendiente el favor,
ni al preso la libertad,
como a mí la voluntad
de este honrado labrador.

Fin de la primera jornada

Jornada segunda

(Salen Teodato y Clodomira.)

Clodomira	¿Vas cansado?
Teodato	Sí, de verte.
Clodomira	¿Qué dices?
Teodato	Que voy cansado.
Clodomira	Descansemos de esta suerte.
Teodato	¿Cómo, si llevo a mi lado una sombra de la muerte?
Clodomira	¿Va ya sana la herida?
Teodato	Ésa me quita la vida.
Clodomira	Dime, mi bien, ¿cuál es?
Teodato	Digo que es muerte llevar consigo una cosa aborrecida. Ir conmigo no pretenda.
Clodomira	¡Que el quererte yo te ofenda!
Teodato	¿Agora lo echas de ver?
Clodomira	Amando y siendo mujer, ¿es mucho que no lo entienda?

Teodato	Amalasunta me mata, que ella es muerte de las gentes, y así de quedarte trata entre estas hermosas fuentes de esmeraldas y de plata. En extremo te aborrezco y en resolución padezco por una que es mi enemiga.
Clodomira	¿Que hay ingrato que tal diga! Pero todo lo merezco. Si con tan poco decoro te ha herido tantas veces, con razón me quejo y lloro que en extremo me aborreces porque en extremo te adoro. ¿Quién de las dos te merece?
Teodato	Mientras que más me aborrece, más me obliga a que la quiera.
Clodomira	Si éste es amor, considera que lo mismo me acontece.
Teodato	No puedo ya responderte, queda a Dios, porque la sigo.
Clodomira	No pienses que has de moverte, sin que me lleves contigo.
Teodato	Suéltame, o darte he la muerte.
Clodomira	Si te doy viviendo enojos,

	deja con mi sangre rojos estos árboles ufanos, y morir por tus manos la que muere por tus ojos. De este mi pecho constante la inocente sangre vierte, y quizá será bastante, tirano, para vencerte, el corazón de diamante.
Teodato	Yo no te pienso llevar, que me ofendo de escuchar tus suspiros y requiebros entre estos sauces y enebros. Viva o muerta has de quedar.
Clodomira	Mientras la vida me dura he de seguir tus pisadas.
Teodato	Yo acertaré tu locura si tus manos dejo atadas. Dentro de aqueste espesura de un árbol te he de colgar.
Clodomira	Y allí me puedes matar.
Teodato	No quiero ser tan crüel que al pie de aqueste laurel te pienso, falsa, dejar. Las zarzas que le rodean harán con tejidos lazos que aun los cielos no te vean.
Clodomira	Ya estos obediente brazos

	que ya los ates desean. Átense, pues, que es tu gusto; que nada que tu desees dejará de ser muy justo.
Teodato	Parece que no me crees; que tu amor me da disgusto.
Clodomira	Hasta agora no lo creo.
Teodato	Pues, sabe que soy Jeseo y atándote de esta suerte, viviré alegre sin verte; que no lo estoy si te veo.
Clodomira	¡Ingrato! ¿Por qué me dejas en esta zarza metida?
Teodato	Porque si de mí te quejas, de nadie serás oída, si el laurel no tiene orejas. A fe que te dejo en parte donde no podrán hallarte cuantos pasen por aquí.
Clodomira	¿Qué? ¿Atada me dejas?
Teodato	Sí.
Clodomira	¿Pues, por qué?
Teodato	Por no matarte. Culparme no te conviene. Amalasunta me rige;

        que dentro en mi pecho viene.
        Ella te mata y te aflige
        que el alma de bronce tiene.

(Vase.)

Clodomira   ¿Es posible que te vas?
        Pero no, sin duda estás
        examinando mi amor.
        Pues, desátame, señor,
        que agora te quiero más.
          En estas zarzas repara,
        que para darte alegría
        me están rasgando la cara.

(Sale Amalasunta.)

Amalasunta   Ventura fuera la mía
        si en este bosque lo hallara.
          Vínose el Rey a cazar
        y yo le vengo a buscar
        para concertar con él.

Clodomira   ¡Amalasunta crüel!

Amalasunta   ¿Quién me puede aquí llamar?
          En todo aquesto no hay gente
        ni rumor ninguno suena
        sino el agua de una fuente.

Clodomira   ¿Por qué has dado tanta pena
        a un alma tan inocente?

Amalasunta   ¡Válgame Dios! ¿Pena he dado?

	¿Quién me puede haber llamado?
Clodomira	Teodato.
Amalasunta	¡Ay de mí! Como la muerte le di [-ado]. Sin duda [ya me ha buscado].
Clodomira	Pues no me quisiste, advierte que vas agora encontrando a quien te ha de dar la muerte.
Amalasunta	Ya me va pronosticando mal suceso. ¡Oh, caso fuerte! Atribulada me veo. solo busco a Clodobeo y él la muerte me ha de dar. ¿Qué he de hacer sino dejar de correr tras mi deseo?
Clodomira	El pago que tú me diste solo porque te adoraba, te dará muerte presto.
Amalasunta	¡Ay, triste!
Clodomira	Tu breve vida se acaba por lo mal que me quisiste.
Amalasunta	Fingir no quiero embajada ni verme con él casada; mas ¡ay que me abrasa el pecho!

Clodomira	Considera el mal que has hecho
a una mujer tan honrada.
Amalasunta	Bien dice que hice mal
a Crotilda, en decir de ella
que era incasta y desleal,
mas yo volveré por ella.
No permita el cielo tal.
Y si Teodato viviera,
solo mi marido fuera
por esos cielos que adora.
Pero ya tarde se llora,
que remedio no se espera.

(Vase Amalasunta.)

Clodomira	Teodato, ten caridad,
que estoy aquí padeciendo,
y esas zarzas sin piedad
con sangre están escribiendo
en mi rostro tu maldad.

(Sale Leoncio y su criado.)

Leoncio	Pues, por el Rey Clodobeo
me ha tenido, agora creo
que aquí en el campo afligida
espera, ya arrepentida,
el dilatar mi deseo.
Y del Rey [que está] cazando,
lo mismo quiero fingir
yo; que me estoy abrasando.
Criado	Hoy la puedes persuadir

	a que te quiera.
Clodomira	¿Hasta cuándo ha de vivir tu traición? Reprime tanta pasión. Mira que tu honra padece.
Leoncio	¿Quién habló?
Criado	Nadie parece.
Leoncio	Voces de los cielos son.
Clodomira	¡Falso, traidor! ¿Dónde vas? Vuelve ya.
Leoncio	¡Oh, cielo bendito! Sin duda voces me das. ¿Qué habrá en aqueste distrito?
Criado	Zarzas y árboles no más.
Clodomira	¿Quién me podrá dar favor en aflicción tan extraña?
Leoncio	Tras sí me lleva el amor y hoy me avisa que me engaña dando voces el temor. ¿Qué me podrá suceder por gozar una mujer?
Clodomira	Teme del cielo el castigo.
Leoncio	Algún espíritu amigo

	o el miedo debe de ser.
Clodomira	De tu mucha sinrazón humilde pide perdón a la mujer que engañaste.
Leoncio	Ya estoy advertido. Baste. Consejos del cielo son.
Clodomira	De tu culpa te arrepiente, que ya a los cielos espanta, el remedio está presente.
Leoncio	Yo quiero hablar a la infanta pues agora está sin gente. 　Vamos a la casería y allí de la culpa mía pediré que no se ofenda antes que en Francia se entienda mi engaño y alevosía.

(Vanse Leoncio y su criado.)

Clodomira	Que el cielo santo consiente en zarzas una mujer, como si fuera serpiente; aunque no lo puede ser quien fue tan poco prudente.

(Dicen de dentro.)

Clodobeo	¿Por dónde fue?
Otro	Por aquí.

Clodobeo	Mortal herida le di.
Criado	Sigue su curso ligero.
Clodobeo	¿Dó paró?
Criado	Buscarle quiero.

(Sale Clodobeo.)

Clodobeo	¡Por Dios, bravo jabalí! Herido con una vara sin que de sus pies se fíe, viene sediento y se para en la fuente que se ríe con gusto de verse clara.
Clodomira	¿Quién cegó tu pensamiento? ¿Qué ha sido, dime, tu intento en dejar una mujer de tan casto proceder por quien busca tu tormento?
Clodobeo	¿Quién habló en esta espesura y pregunta mis intentos do no parece criatura?
Clodomira	Corrige tus pensamientos que la mudanza es locura. Advierte que eres mortal y que el cielo grande mal para castigarte junta. No quieras a Amalasunta

	y olvides la más leal.
Clodobeo	¡Oh, cielo, tú me aconsejas lo que me conviene agora!
Clodomira	¿Quién te engaña porque dejas una mujer que te adora, dando al cielo justas quejas?
Clodobeo	Porque a Crotilda dejé me riñe el cielo.
Clodomira	¿Por qué tu propósito se muda?
Clodobeo	Conmigo habla sin duda. ¡Válgame Dios! ¿Qué haré? Si a un mozuelo se entregó, ¿cómo, cielo, me la ofreces? ¿Es bien que me case yo?
Clodomira	Casta es la que aborreces, nunca nadie la gozó.
Clodobeo	Ya el cielo me desengaña; mas también es cosa extraña que un hombre dijese tal.
Clodomira	Si alguno te ha dicho mal, mira, señor, que te engaña.
Clodobeo	Hoy el Señor soberano desengañarme ha querido. Mintió el mozuelo inhumano.

                    Quiero saber si han venido
                    Leoncio con Aureliano.
                       Sabré lo que dejan hecho
                    y descansará mi pecho
                    de este confuso cuidado
                    haciendo que el cielo airado
                    esté manso y satisfecho.

(Vase Clodobeo y salen el labrador y Crotilda.)

Labrador   Mira este campo florido
                    que muere por tus amores
                    desde el punto que te vido
                    toquen tus manos las flores
                    que estas selvas han tejido.
                       En la fuente de esta selva
                    busca el [Mirlo] y madreselva;
                    coge el alto mirabel
                    que los amores de aquel
                    hacen que el rostro le vuelva.
                       Ya el poniente se arrebola
                    con la luz del Sol inquieta.
                    No te estés en casa sola;
                    coge la parda violeta
                    y la encarnada amapola.

Crotilda   Por la voluntad que ofreces,
                    esta sortija mereces.

Labrador   No son tan grandes favores.
                    Pues que también lo agradeces,
                    perlas haré de estas flores.

Clodomira   ¡Ay!

Crotilda	¡Santo Dios! ¿Quién suspira?
Labrador	En todo el bosque no hay gente.
Crotilda	Entre esos árboles mira.
Clodomira	¡Ay! [...] [...]
Labrador	Estos suspiros que han dado, según he entendido de ellos, junta a un laurel acopado que los ásperos cabellos de una zarza han marañado como en el tronco se enlaza y de la rama se abraza, en el cóncavo que deja sin duda está quien se queja.
Crotilda	¿Quién será?

Labrador	Un mozo de caza.
	   Para darnos muerte o pena
	es [la] invención inhumana
	de la que llaman hiena
	que finge la voz humana
	como en la mar la sirena.
	   De los hombros suele atarse
	y así afligido quejarse
	para que ayudalle vamos
	y entre sus uñas caigamos.
	¡A fe que no ha de entregarse!

¡Sireno, Olimpo, Silvano!
   Un animal nos ofende.
   Dad al trabajo de mano
   que si él solo al mar desciende
   no será esta vez temprano.
      No quede espada o lanzón
   que no salga a esta ocasión.

[Respóndele desde dentro.]

Uno   ¿Es solo?

Labrador   No.

Otro   ¿Si es culebra?

Uno   Sin duda que es oso o [cebra].

Otro   No será sino león.

Clodomira   ¡Ay de mí!

Labrador   Como ha sentido
   que hay caza, suspira más.
   ¡Qué bien lo hubiera fingido!
   Bestia, no nos cogerás
   que en tu lazo has ya caído.

(Salen pastores armados de graciosidades.)

Pastor 1   Todos venimos armados
   que parecemos soldados.
   ¿Dónde está la bestia fiera?

Pastor 2	Tres somos y no quisiera fuésemos en tres bocados.
Labrador	Cada cual la voz advierta, y así donde está sabremos, que si la dejamos muerta, la cabeza y piel pondremos por blasón en nuestra puerta. Escuchad.
Clodomira	Cielo sagrado, ¿cómo favor no me has dado?
Crotilda	La voz tiene de mujer.
Pastor 1	Serpiente debe de ser.
Pastor 3	Ya tiene miedo un soldado.
Pastor 2	¿Quién nos mete con serpientes? Si quisiéremos reñir, riñamos con otras gentes, que sierpe que da en gruñir, ¡par Dios, tenga tantos dientes!
Clodomira	¡Tirano!
Pastor 2	¿A Silvano llamas?
Pastor 1	¿Por comer mis carnes bramas?
Labrador	No lograrás tu deseo, la voz oigo y no la veo.

Pastor 2	La encubren zarzas y ramas.
Pastor 3	Mi abuela es la que se queja porque vivió en esta casa muchos tiempos, y una vieja, si los años ciento pasa sierpe se torna de oveja.
Pastor 1	Que torna a quejarse. ¡Calla!
Clodomira	Sola una mujer, no halla favor del cielo divino.
Pastor 2	De esta vez me determino entrar dentro hasta topalla.
Labrador	Poco a poco hacia el laurel, hacia las hojas del tronco.
Clodomira	¿Dónde te fuiste, crüel? Que ya tengo el pecho ronco de dar voces.
Pastor 2	¡Das en él!
Pastor 2	¡Una culebra es mayor que una casa, señor!
Labrador	Pues, ¿cómo una zarza tosca puede cubrilla?
Pastor 2	Hecha rosca.
Pastor 3	¡Grande la hizo el temor!

Labrador	Déjame llegar a mí.
Clodomira	Llegad, llegad, gente honrada.
Pastor 2	La voz suena por aquí.
Labrador	Una mujer veo atada de las más lindas que vi.
Crotilda	Llégala a favorecer.
Pastor 2	Luego vi que había de ser.
Pastor 1	Sierpe dijiste, inocente.
Pastor 2	Pues, dime tú, ¿es diferente la sierpe de una mujer?
Labrador	¿Quién se ha atrevido a dejarte entre espinas como rosa? ¿Vas buscando en esta parte como la Fénix hermosa leña para renovarte? ¿Quién tus manos de claveles ató entre zarzas crüeles?
Pastor 1	Algún borracho sería. ¿Tales hojas nacen ya a los pies de los laureles?

(Sácala fuera.)

Clodomira	El cielo gracias te dé

por tanto bien, labrador;
que yo sola no podré.
¿Dónde estás? Oye, señor...
Mas, ¿qué digo? Ya se fue.
   Acabe, ingrato, tu vida
una víbora encendida.
Tus bellos ojos se quiebren
y tus amigos celebren
tu muerte bien merecida.
   Mas, si acaso no te fuiste,
mil bendiciones te den.
Nunca en tu vida estés triste,
quiérante todos también
como tú mal me quisiste.
   Sola tu persona sea
la que el cielo gozar vea
de eterna prosperidad,
y vivas más larga edad
que la sibila Hecumea.

Crotilda   Ninfa hermosa de este prado,
sirena que el mar ha dado
para encantar nuestra vida,
[sois] imagen parecida
en este suelo humanado,
   ¿quién al bosque os ha traído?
¿O de caza habéis venido
en la enriscada espesura
con vuestra voz y hermosura,
al unicornio rendido?

Clodomira   Los trabajos me engendraron,
las desdichas me parieron,
las lágrimas me criaron,

              los gustos me aborrecieron,
              y los hados me acabaron.
                Mátame el ver que nací,
              huye la muerte de mí,
              siguiendo su curso voy,
              la misma desdicha soy,
              pues ya no soy la que fui.

Crotilda   ¿Quién te trujo aquí?

Clodomira   Mi suerte.

Crotilda   ¿Cómo viniste?

Clodomira   Forzada.

Crotilda   ¿Quieres bien?

Clodomira   Solo a la muerte.

Crotilda   ¿Qué vienes buscando?

Clodomira   Nada.

Crotilda   ¿Qué te da consuelo?

Clodomira   El verte.

Crotilda   ¿Aborreces mucho?

Clodomira   Sí.

Crotilda   Dime, pues, ¿a quién?

Clodomira	A mí.
Crotilda	¿Y te aborrecen?
Clodomira	Sí.
Crotilda	¿Quién?
Clodomira	Uno que me quiso bien.
Crotilda	¡Grande mal! Tu historia di.
Clodomira	Teodato Sajano es primo de aquesta cautiva que en aquesta tierra ves. Cuando a ser su esposa iba di en las manos del francés.
Labrador	Gente viene acá.
Clodomira	¡Por Dios, que me escondas mientras pasa!
Crotilda	Pláceme. Seguidme vos.
Pastor 3	Una corte es nuestra casa. Hermosa mujer, ¡por Dios!

(Vanse y salen Clodobeo y un criado.)

Clodobeo	¿No los has hallado?
Criado	Entiendo que en el bosque se han perdido

      buscándote.

Clodobeo   Ya pretendo
     lo que tengo aborrecido,
     ya con sus hielos entiendo,
      ya padezco y tengo gana.
     Mas, ¿qué es esto? ¿Es cosa humana
     o en este bosque florido
     a cazar ha descendido
     desde su esfera Diana?
      Otro Anteón seré agora.

(Va saliendo Crotilda, poco a poco.)

Criado   No es ella, pues verte deja.

Clodobeo   Hermosísima señora,
     con cuya rubia madeja
     el Sol sus cabellos dora,
      y por ser resplandeciente
     hoy no salió del oriente,
     sino de tus ojos bellos,
     porque oriente tendrá en ellos
     los cristales de tu frente.
      Esas aguas despeñadas,
     por losas tornasoladas,
     viendo que las almas robas,
     hacen seda de las ovas
     en madejas marañadas,
      y para que más confíes
     de tu valor, hoy las fuentes
     que bullen entre alhelíes,
     viendo tus ojos presentes,
     del arena hacen rubíes.

                    Mueve ya el labio encarnado
                    si no es que naturaleza
                    con la lengua se ha quedado
                    en prendas de la belleza,
                    que a tu rostro le ha prestado.

Crotilda   Esas lisonjas, señor,
                    hallarán lugar mejor
                    en las cortes de los reyes
                    donde interpretan las leyes
                    la codicia y el favor;
                    pero en esta selva cruda,
                    morada de labradores,
                    vive la verdad desnuda.
                    ¿Tan presto ofrecéis favores?
                    Cortesano sois, sin duda.

Clodobeo   Confieso ser cortesano
                    y aun gané con esta mano
                    todo este reino francés,
                    que por pisalle tus pies
                    otro nuevo reino gano.
                    Y pues que aplicas verdades,
                    soy el Rey.

Crotilda   Dadme licencia
                    no escuchéis mis necedades,
                    porque alcanzo poca ciencia
                    para hablar con majestades.
                    Tu atrevimiento recelo.

Clodobeo   Detén el ligero vuelo
                    de tus plantas y seré
                    otro segundo Josué

      que detenga el Sol del cielo.
      Si en cada signo dorado
      se detiene el Sol un mes,
      para aquí, que mi cuidado
      un signo de Cáncer es
      donde me siento abrasado.

Crotilda   ¿Tan presto?

Clodobeo   Sí, que el amor
      suele ser como el dolor
      que a veces su mal dilata
      y otras de repente mata;
      que esta muerte es la peor;
       pero el que tengo yo fío
      que no es amor.

Crotilda   Yo lo creo,
      porque será desvarío.

Clodobeo   Es a lo menos deseo
      de un sumo bien que no es mío.
       Viendo tu mucho valor
      cobró mi vista color,
      un deseo en mí engendrado;
      mas como no te ha gozado
      no ha llegado a ser amor.
       En un enfermo se vea
      que armada salud no llama
      hasta que salud posea:
      lo que se goza se ama
      que lo que no, se desea.

Crotilda   Respuesta a tu ingenio pido.

| | ¿Cómo, si verdad ha sido
que deseas lo que viste,
no amando lo que tuviste
deseas lo que has tenido? |

Clodobeo   No entiendo.

Crotilda   Estúdialo pues.
(Aparte.)   (Galán, bizarro y robusto
es a mi gusto el francés...
mal dije, no es a mi gusto
pues que cristiano no es.)

(Vase Crotilda.)

Clodobeo   ¡Bizarra dama!

Criado   ¡Graciosa!
Es muy afable y hermosa
pero, señor, ¿a qué viene
a este bosque?

Clodobeo   Eso me tiene
en confusión amorosa.

(Sale Aureliano.)

Aureliano   Gracias a Dios, señor, que te he hallado.

Clodobeo   Yo muero por saber de todo punto
el fin adverso o próspero que tuvo
la causa que a Borgoña os ha llevado.
Ya muero por saber de mi Crotilda
que ayer la aborrecía y hoy la adoro.

Aureliano	Señor, como mandaste la pedimos
y él te la ofreció de buena gana,
a ser tu esposa con nosotros vino,
y ayer, cuando llegamos, aquí junto
a este umbroso bosque que agora pisas
en él por no enojarte la dejamos,
encomendada a un labrador honrado
que vive...
Clodobeo	¿Adónde?
Aureliano	En esta casería.
Clodobeo	Ésta es, sin duda; ya entendí su enigma
que no amé lo que tuve. Bien ha dicho
pues teniéndola a ella no la he amado
y agora he deseado lo tenido.
Ya vi su rostro hermoso. Ella es discreta.
Queriéndola voy. Ya solo reparo
en lo que aquél me dijo; mas los cielos
me desengañan.

(Hacen que se van y salen Clodomira y Crotilda.)

Clodomira	Ya se fue, sin duda.
Crotilda	Salgamos a este prado un rato al fresco.

(Sale Leoncio.)

Clodobeo	Ya vuelve hacia nosotros. ¿Retiróse?
Leoncio	Sí, señor.

Aureliano (Aparte.)   (Y [con ella] la cautiva
 que el alma me robó, ¡grande ventura!)

Leoncio (Aparte.)   (La mía fue mayor en declaralle
 mi engaño, y suplicalle perdonase
 mi culpa, que si no, viera mi muerte.)

Clodomira   Visto nos ha.

Crotilda   No importa.

Clodobeo   Escucha, advierte:
 Vuestro rostro soberano
 de mi presencia huía.
 Es bien que siendo verano
 se abrevie el alegre día
 poniéndose el Sol temprano.
 Viendo mi pecho fiel
 que no huye sino aquél
 que aborrece, teme o debe,
 advierto lo que te mueve
 a ser conmigo crüel.
 Porque a mí no me has temido
 que tengo el alma vencida,
 pues el deudor no lo he sido,
 luego, ¿ha sido tu huída
 porque me has aborrecido?

Crotilda   No ha sido, que no pretendo
 imitarte.

Clodobeo   No te entiendo.

Crotilda	Aborreciste sin ver
y entiendes que una mujer
ha de aborrecer no viendo.
Clodobeo	Yo no aborrezco jamás
antes de ver la mujer;
y pues que culpa me das
sabe que no quise ver
para desearlo más.
Crotilda	Declaración fue galana;
mas pues tu ingenio sutil
dificultades allana,
pregunto ¿por qué un gentil
quiere a una mujer cristiana?
Clodobeo	Quiérola por su hermosura.
Crotilda	¿Y cómo estará segura
la vida y honra del Rey
en mujer que es de otra ley?
Clodobeo	Su nobleza me asegura.
En mi alma satisfecha
quiere amor tener lugar,
y está dentro la sospecha
y al tiempo que quiere entrar
fuera del alma la echa.
(Aparte.)	(¿Es posible que este cielo
corrió el delicado velo
del honor y la vergüenza?
El alma a temer comienza,
aunque me burló el mozuelo,
que celos de enamorados

                dan disgusto y no deshonra;
                mas como los de casados
                quitan el gusto y la honra,
                aun de burlas son pesados.)

(Sale Amalasunta en hábito de hombre.)

Amalasunta (Aparte.)   (Como temo, soy perdida.)

Clodobeo   [...]
                      ¿Qué respuesta me traes?

Amalasunta   Buena;
                      que fue prisión tu cadena
                      para su alma y su vida.

Clodobeo   ¿Es muy hermosa, es muy bella?

Amalasunta   Estimada está por tal.

Clodobeo (Aparte.)   (Será tanto como aquélla.
                      El remedio de mi mal
                      consiste en no conocella.
                        Tiempo de caduca edad,
                      pues ves que ya me enamoro,
                      descubre su falsedad,
                      y ofreceré un viejo de oro
                      al templo de la verdad.)

Amalasunta   Honra y luz de las mujeres,
                      dame tus manos.

Clodomira   ¿Quién eres?

Amalasunta	Pésame de la pregunta. Mira bien.
Clodomira	¡Oh, Amalasunta! ¿En todo ser hombre quieres?

[Abrázanse Clodomira y Amalasunta.]

Aureliano (Aparte.)	(¿Hay tan grande desvergüenza? Ya con pública deshonra quién es a decir comienza; que en mujer muere la honra cuando enferma la vergüenza.)
Clodobeo	¡Por mi temido poder que merece muerte dura ese injusto proceder!
Amalasunta	¿Es delito, por ventura, abrazar [a] una mujer?
Clodobeo	¿Cómo mujer?
Amalasunta	Como amor su fortaleza y valor en un pecho frágil junta.
Clodobeo	¿Quién eres?
Amalasunta	Amalasunta.
Clodobeo	¡Divino y santo favor! Mi alma tendrá sosiego y tú, cuyo rostro adoro,

                        y a quien humilde me entrego,
                        hoy has quedado como oro
                        acrisolado en el fuego.
                            Dame de tus manos una,
                        y será firme columna
                        del bien que el cielo me muestra.
                        Detén con tu blanca diestra
                        la rueda de la Fortuna.
                            Ya, Crotilda, soy dichoso
                        pues merezco ser tu esposo.

Amalasunta   ¿Cómo esposo?

Clodobeo   Como Amor
                        su fortaleza y valor
                        juntó en su pecho amoroso.

Amalasunta   No puedes, porque me has dado
                        tu palabra.

Clodobeo   No me obliga.

Amalasunta   ¿Por qué?

Clodobeo   Porque fui engañado.

Amalasunta   Harás público que diga...

Clodobeo   ¿Dirás que estoy mejorado?

Amalasunta   Diré...

Clodobeo   Mi honrada codicia...

Amalasunta	Diré que si hay malicia en la palabra del Rey, no tiene razón ni ley, ni prudencia y justicia. Diré que franceses son muy falsos y poco sabios; y aun vengaré tu traición que, aunque mujer, los agravios dan aliento al corazón.
(Vase Amalasunta.)	
Clodobeo	Contra mi grande poder se ha atrevido una mujer. Mas, ¿qué me espanto? ¡Qué digo que es el peor enemigo cuando da en aborrecer!
Crotilda	Si la palabra le has dado no es bien quebralla por mí.
Clodobeo	Mira tú si fui engañado, pues que no la conocí, solo tu rostro he adorado y el sí de tu boca espero.
Crotilda	Con tu licencia primero veré si, como cristiana, me es justo.
Clodobeo	De buena gana, a solas dejarte quiero. y en Clodomira confío.
(Aparte.)	(Que pues ha sido su dueño

	me ha de amparar en el mío.)
Clodomira	Es mi poder muy pequeño.
Crotilda	El mismo Amor es tu brío.
Clodobeo	Porque tu imaginación discurre por la oración sola te quiero dejar.

(Vanse Clodomira y [Clodobeo]. Siéntase Crotilda.)

Crotilda	Bien haces de dar lugar
	a una mortal confusión.
	   Dudo y pierdo la paciencia.
	Si me caso, ha de durar
	mi fe y mi buena conciencia.
	Aunque en el alma ha de estar,
	ha de tener apariencia.
	   Si de hacerlo me desvío,
	no es menor el daño mío,
	porque un Rey, ¿qué no ha de hacer
	con amor y con poder?
	Dios me alumbre en quien confío.
	   Ya el miedo y melancolía
	sueño engendran, ya me duermo,
	los dos vencen a porfía,
	aunque si sea en este yermo,
	en efecto es osadía.
	   A ser su mujer salí,
	y no estoy segura aquí,
	que el amor no guarda ley
	y el que tiene amor es Rey,
	mal le ha de guardar de mí.

(Sale arriba una figura con unas barbas muy largas.)

Figura			Crotilda, no te entristezcas
				que el cielo santo ha querido
				casarte con Clodobeo,
				miedo y terror de este siglo.
				Aunque agora no es cristiano,
				los dos seréis el principio
				de la religión de Francia,
				flor de todo el cristianismo.
				Santos tendréis descendientes,
				[...]
				emperadores del mundo,
				pontífices y arzobispos.
				Y aunque es imagen de muerte
				el sueño, Dios ha querido
				que en el aparente veas
				que el dueño que te ha ofrecido
				te importa; que por esposo
				elijas, pues te ha escogido
				el cielo, y por tu ocasión
				ha de recibir bautismo,
				pues que casada con él
				de príncipes infinitos
				has de ser, Crotilda hermosa,
				el origen y principio.
				Y yo, que de estos sucesos
				con orden de Dios te aviso,
				me vuelvo que soy el alma
				de tu padre Quilderico.

(Vase la figura.)

Crotilda	¿Padre? ¡Padre, escucha, espera! No me dejes de esa suerte, irme contigo quisiera. Aunque eres sombra de muerte, no huyas, visión ligera. Poderoso Carlo Magno, Filipo, dadme la mano. ¡Válgame Dios tal trofeo! ¿Es mi esposo Clodobeo? ¿Es posible eres cristiano?

(Sale Clodomira.)

Clodomira	¿Dormida habla de esa suerte tu alteza?
Crotilda	¿Estaba dormida?
Clodomira	Y en sueño profundo y fuerte.
Crotilda	Imagen fue de mi vida el sueño y no de mi muerte.

(Salen Clodobeo, Aureliano y un criado.)

Clodobeo	Ya, Crotilda, en tu presencia espero alegre sentencia en premio de mi esperanza. Ya me trae la confianza al altar de tu clemencia.
Crotilda	Ya no es tiempo que más huya de ofrecerme a tu servicio, y con esto se concluya.

	Doy el alma en sacrificio a las aras de la tuya.
Clodobeo	Si de méritos soy falto, ¿cómo me sube tan alto mi felicísima suerte? O dasme dulce la muerte con gusto o con sobresalto. Merezca tus manos ya. Goce esta gloria mi alma.
Crotilda	Pues que merecida está, tuya soy.
Clodobeo	Aquesta palma amor por premio me da.
Aureliano	A buen tiempo vuelvo a verte, cautiva hermosa, y confío resucitar de mi muerte, pues amor menor que el mío se premia de aquesta suerte. Mil siglos ha que mi mal espera suceso tal.
Clodomira	¿Tan larga vida has gozado?
Aureliano	La vida de un desdichado siempre parece inmortal.

(Tocan cajas. Sale Amalasunta a caballo con una lanza y adarga.)

Amalasunta	Si una mujer es temida de quien ofendida ha sido,

yo vengo, Rey, ofendida
más en haberte querido
que en ser de ti aborrecida.
   Al campo te desafío
y porque el ánimo mío
tal agravio no consiente,
barre en tu sangre caliente
de esta lanza el hierro frío.
   De esta cadena quisiera,
por poder la muerte darte,
del falso cuello colgarte;
mas por venganza más fiera
en guerra quiero matarte.
   Nadie te ofrezca tributo
ni en tu mujer tengas fruto;
no mueve de hoy más las alas
tu corazón y por galas
Francia arrastre largo luto.
   El búho y corneja canten
pronosticando tus males,
sombras confusas te espanten
y en lugar de arcos triunfales
negros túmulos levanten.
   Pues a traidores enseñas,
obren contra ti las peñas
mil peligros con desastre.
Traidor caballo te arrastre
por esas ásperas breñas.
   Nunca tengas mujer cuerda,
tus hechos en sueños pasen,
y la memoria se pierda.
Rayos de fuego te abrasen.
Mala víbora te muerda.

Clodobeo   Muerte le daré, ¡por Dios!
            Mas es mujer y con celos.
            ¿Qué decís, Crotilda, vos?

Crotilda   Que nos den los santos cielos
            su alegre edad a los dos.
               Todos te rindan tributo.
            Goces de un eterno fruto.
            Vuelvas siempre como de antes,
            alegre en carros triunfantes.
            Nunca en tu casa haya luto.
               Y a los cielos santos ruego
            te den reinos por sosiego
            y en llegando a la vejez
            vuelvas al mundo otra vez
            para ser inmortal luego.

            Fin de la segunda jornada

Jornada tercera

(Salen unos músicos tañendo y Clodobeo y Crotilda. Está puesto un estrado y siéntanse.)

Clodobeo   Por reclinarme en tus faldas,
            Crotilda, en bajo me siento
            aunque así no estoy en bajo
            pues que estoy junto a tu cielo.
            Prosigue, pues, que te escucho.

Crotilda   Prosigo, mi Clodobeo,
            que yerras en ser gentil.

Clodobeo   ¿Y tú en ser cristiana?

Crotilda   Acierto.
            Los ídolos que tú adoras
            son estatuas de hombres muertos
            que en las memorias del mundo
            por sus cielos son eternos.
            Si Marte fue un homicida,
            y fue adúltera una Venus,
            si Juno fue una envidiosa
            y Júpiter un soberbio;
            si fue Saturno un crüel
            y Mercurio un lisonjero,
            y Baco un hombre vicioso,
            ¿por qué razón dioses fueron?
            ¡Si para cumplir sus gustos
            afirma el vulgo que hicieron
            transformaciones extrañas
            y fueron éstos los medios
            en que ellos han cometido

| | muchos vicios y adulterios!
| | Pues en razón natural
| | no dirá el hombre discreto
| | que esos pudieran ser dioses
| | si dejan malos ejemplos.

Clodobeo   No vituperes, Crotilda,
               los dioses a quien ofrezco
               víctimas y sacrificios.
               Músicos, volved por ellos.

(Canten.)

Músicos   «Permitid, sagrados dioses,
               que asista el grave Himeneo
               en la unión de estos dos reyes,
               perpetua a pesar del tiempo.»

Crotilda   Si en once cielos hermosos
               solo hay un Sol; si en un reino
               por conservarlo, hay un Rey;
               y una cabeza en un cuerpo;
               si en la fábrica compuesta
               de este hemisferio hay un cielo,
               ¿cómo pueden ser dos dioses?
               Considera, señor, esto:
               quien dice Dios, dice un ser,
               una igualdad y un gobierno,
               una voluntad inmensa,
               una causa y un efecto.
               Es su esencia sin principio
               y en el principio era el Verbo
               que siendo Dios lo hizo todo,
               y sin Él no hay nada hecho.

Un Dios crió lo que has visto
porque ser dos no pudieron;
porque Dios es sin igual
uno en esencia y eterno.
Vuelve, señor, esos ojos
que a mí me sirven de espejos,
porque en la imagen de Cristo
hallarás el bien perpetuo.
Este Sol salió a las doce,
y a las tres se nos ha puesto.
El oriente se pone
de su glorioso madero;
para redención del mundo
verás al manso cordero
entre dos bestias nacido,
y entre dos ladrones muerto.
Con la cabeza inclinada
está llamando y diciendo:
«Entrad por este costado,
hijos amados, al cielo».
En alto está para todos
y con los brazos abiertos
clavado que huír no puede,
sin escuchar nuestros ruegos.
Rey es, mi señor, miradle.

Clodobeo   De mi sangre degenero
si dejo a los dioses santos.
Músicos, volved por ellos.

(Canten. Sale Aureliano.)

Aureliano   Deja, magnánimo César
regalos y pasatiempos;

que aunque son justos te llaman
otros mayores sucesos.
De decirle tu embajada
al Rey de Borgoña vengo.
El reino pedí en tu nombre
como es tuyo de derecho.
No quiere con su repuesta
satisfacer tu deseo.
Lo que pretendes te niega
vanaglorioso y soberbio.
Levanta el famoso brazo
con que al mundo has dado miedo
y conozcan tu presencia
los que ya tu fama oyeron.
Dale muerte al de Borgoña
pues al padre tuvo preso
de la infanta, mi señora,
no te dé piedad el deudo.
El sabio Eurípides dice
que si por algún suceso
las leyes se han de romper
sea por ganar un reino.
¡Guerra, guerra, Rey de Francia!
Así el laurel verde y tierno
que ciñe tu sacra frente
produzca flores sin tiempo,
y así las damas de Francia
te derramen pomos llenos
de mil süaves olores
y de los persas ungüentos.

(Levántase [Clodobeo].)

Clodobeo   ¡Guerra, guerra Francia! ¡Francia,

llama sus hijos soberbios,
que espanten el ancho mundo
pues que son rayos de fuego!
No quede casa en Borgoña
que con muerte de su dueño
o en sangre no se sepulte
o resuelvan en humo negro.
¡Guerra, guerra!

Crotilda   Escucha, advierte,
que es el primer movimiento.
No vayas tras de su curso.
Refrena, Rey, tus intentos.
Mira que es mi amada patria
y si al Rey matas con ellos,
derramarás con su sangre
la que en estas venas tengo.
Vuelve, señor, a mis brazos
que en irte de ellas sospecho
que no me tienes amor.

(Tórnase [Clodobeo] a sentar.)

Clodobeo   Crotilda, a tus brazos vuelvo.

Aureliano (Aparte.) (Con el amor de su esposa
el ocio va apeteciendo.
Yo le incitaré a la guerra
aquel valeroso pecho.)

(Vase [Aureliano]. [Vuélvese a salir] Aureliano con un tambor con su caja.)

Tambor   ¿[Toco]?

Aureliano Toca a recoger.

(Tocan.)

Clodobeo Con tal música me alegro,
los soldados se recogen.
Crotilda, a tus faldas dejo.

(Levántase con furia y toma la maza y dice.)

¡Guerra, guerra Francia! ¡Francia
a recoger tocad luego.
Mis ejércitos se junten
que a Borgoña ganar quiero.

Crotilda ¡Rey, esposo, señor mío!
¡Ah, patria, cuánto te debo!
Músicos, cantad, tañedle,
alegradle, entretenedlo.

(Tornan a tocar las cajas y luego cantan.)

Músicos «Si hay con regalos del alma
amorosos pensamientos
que será cuando las obras
correspondan al deseo,
Amor, tus fuerzas...
[...]»

(Vase a entrar Clodobeo y a la puerta detiénese a oír la música, y vase Aureliano, y como iban delante, quédase Clodobeo y échase en las faldas.)

Clodobeo ¿Qué me importan nuevas tierras
si tantos regalos tengo?

	Esta guerra hace despacio. Crotilda, a tus brazos vuelvo.

(Torna a salir Aureliano y el tambor.)

Aureliano	¡Ah, regalo, cuánto puedes! Tú acabas en un momento lo que nuestra edad apenas puede consumir el tiempo. Tocad, Tambor, a marchar.
Clodobeo	Crotilda, tus brazos dejo. ¡Guerra, guerra Francia! ¡Francia, marche mi ejército luego porque soy la luz del mundo y con tal amor me enciendo!

(Tocan. Tórnanse a entrar Aureliano y el tambor. Va a entrarse Clodobeo y desde la puerta escucha los músicos y detiénese.)

Crotilda	Mira, señor, que es mi tío el Rey que está en su gobierno. Músicos cantad, tañedle, rogadle que torne luego.
Clodobeo	¿Cómo dejaré a mi esposa por cuyos amores muero, por ganar reinos extraños? Crotilda, a tus brazos vuelvo.

(Éntranse los atambores. Sale Leoncio.)

Leoncio	Invencible Rey de Francia a cuyo invencible pecho

le pagan reinos extraños
parias y tributo inmenso,
sin temor de tu grandeza
hoy te han perdido el respeto
el godo y el alemán
del plateado cabello.
Con Alarico, Rey godo,
tus tierras va destruyendo
la atrevida Amalasunta,
más que mujer en sus hechos.
Apellidando venganza,
por Francia va descendiendo.
los fuertes va derribando
y cabeza de los cuellos.
Si con el poder de Francia
no acudes luego al remedio,
Paris no estará seguro
ni tu podrás defendello.
Divisen tus estandartes
tremolando con el viento.
De tus armas y atambores
oigan siquiera el estruendo;
que apenas habrán sentido
que tú sales contra ellos
cuando querrán de Atalanta
tener el curso ligero.

Clodobeo ¿Una mujer contra mí?
Pero a los dioses excelsos
con sus eternas deidades
los gigantes se tuvieron.
Al arma toquen en Francia
y es justo que tenga miedo
de una mujer enojada,

                    con envidia, enojo y celos.
                    Escarmiente en él de Troya
                    en la peste de los griegos,
                    en la desgracia de Turno,
                    en el fin de Tulio Serulo,
                    en la muerte de Tarquino,
                    y de Sansón el suceso,
                    de quien solo las muertes
                    la causa y principio fueron.

(Vase [Clodobeo].)

Crotilda   Si hay sangre goda en mis venas
                    seguir sus pisadas quiero.
                    No ha de haber [menos] valor
                    en mi generoso pecho.
                    Las invictas Amazonas
                    principio a mi sangre dieron.
                    Déjame, que sola salga
                    a entrenar su atrevimiento.

(Vanse, y tocan las cajas y armados salen Alarico y Amalasunta.)

Amalasunta   Toma, Alarico, tu lanza;
                    que a la fuente enriquecida
                    de tu valor y pujanza
                    como una cierva herida
                    vengo con sed de venganza.
                      Si la ofensa me da bríos,
                    Francia esta vez se aniquila,
                    y honraré estos brazos míos.
                    Como en Roma Muciosila,
                    han de hacer de sangre ríos.

103

Alarico	Con famoso Rey compites.
Amalasunta	Ya tú me lo permites. De su cabeza he de hacer un vaso, para beber en mis fiestas y convites.

Alarico	De esta vez puedo afirmar
	que es más posible parar
	un águila muy ligera,
	un caballo en la carrera,
	un delfín cortando el mar,
	   el ímpetu desfrenado
	del ciervo, y es de temer
	un rayo precipitado
	que el valor de una mujer
	una vez determinado.
	   Para probar tu valor
	fuerte pinté a tu enemigo.
	Acomete sin temor,
	pues que llevas hoy contigo
	este brazo vencedor.

Amalasunta	Su sangre verás vertida que soy víbora ofendida. La palabra que le di hace tal efecto en mí que ella me quita la vida. Tigre soy, que al viento alcanza y con materna afición he de seguir la venganza de mis hijuelos, que son el honor y confianza.

Alarico

> Ya, Francia, echada es la suerte.
> Marche el ejército fuerte
> al son del sonoro parche.

(Tocan.)

Todos

> ¡Marche el ejército, marche!

Amalasunta

> Antes di, ¡marcha la muerte!

(Vanse todos y queda sola Amalasunta y sale Teodato.)

Teodato

> Aunque es tu nombre temor
> de franceses inhumanos,
> aquí tienes el favor
> de quien mataron tus manos
> y resucitó tu amor.
> Si entre tus gentes me admites,
> y la vida me permites,
> serás, señora, servida
> de uno que volvió a la vida
> para que tú se la quites.

(Espántase Amalasunta.)

Amalasunta

> Espíritu de varón,
> el más valiente y supremo
> a quien maté sin razón,
> por mi delito te temo
> pero no por ser visión.
> Si del cielo adonde estás
> venido a vengarte has
> de este brazo bravo y fiero,
> déjame vengar primero

  y luego te vengarás.
   Ya sé que bien me quisiste
  pues ha salido verdad
  lo que entre los dos dijiste
  y pues de tu eternidad
  a tan buen tiempo viniste.
   Por Marte, a quien satisfago,
  y por el cielo sagrado
  me digas, si no es exceso,
  si he de tener buen suceso
  en la venganza que hago.

(Muda el tono Teodato.)

Teodato (Aparte.) (Pues por muerto me ha tenido,
  seguro puerto tendré
  de lo bien que la he querido.)
  Yo, señora, lo diré
  pues que ya me has conocido.
   Un príncipe poderoso
  al francés vanaglorioso
  dará la muerte crüel;
  y si te casas con él
  ganarás triunfo famoso.
   Éste vendrá disfrazado
  pero conocerle tienes,
  en que ha de andar a tu lado
  y ha de coronar tus sienes
  y éste será el desposado
   que te merezca gozar.
  (Así la pienso engañar.)

(Vase [Teodato].)

Amalasunta   Alma santa, ¡espera, espera!
¡Mi victoria es verdadera!
¡Toca, tambor, a marchar!

(Vase Amalasunta y sale Clodobeo vestido como en la primera jornada y algunos con él. Salen Crotilda, con un bastón, y Clodomira, con un estandarte, Leoncio, Aureliano y un criado tocando a marchar.)

Clodobeo   Con escuadra tan hermosa
hoy seremos vencedores,
y pésame de una cosa:
que los mataréis de amores
y es dalle muerte sabrosa.
   Éstos que nos dan enojos
den las vidas en despojos
a los franceses ufanos.
Yo mataré con las manos
y vosotras con los ojos.
   No vio la gente amazona
entre sus armas y galas
tal gloria por mi corona
que cede a una diosa Palas;
pero, mi vida, perdona.
   Que viendo a ti mi estandarte
y a ti el bastón de ese arte,
y entre las dos mi valor,
ni sabrán si es Marte amor
ni se mata de amor Marte.

Crotilda   Este bastón de derecho
me viene, y nadie se asombre
si tu general me has hecho
porque es mi ánimo de hombre,
pues te llevo a ti en mi pecho.

107

                        Aunque en viéndonos dirán
                        los que esta guerra nos dan
                        que peleas con razón
                        pues solas mujeres son
                        tu alférez y capitán.

Clodobeo   No podrán decir que ha sido
                        su general una dama,
                        mas que del cielo ha venido
                        a coronarte la Fama
                        antes de haberlos vencido.

Aureliano   Y yo, Clodomira, digo
                        que el llevarte a ti conmigo
                        será mi mayor corona.

(Sale un criado.)

Criado   El conde de Barcelona
                        ha llegado.

Clodobeo   ¡Grande amigo!

(Tocan cajas y chirimías. Sale el conde de Barcelona.)

Conde   Dame tus pies.

Clodobeo   No es razón
                        a quien ha tenido fe
                        conmigo en esta ocasión.
                        [...]
                        [...]

Conde   Los del capitán hermoso

	besaré por ser dichoso.
Crotilda	Por daros vuestro lugar
el pecho me importa dar.
Conde	Quedaré ufano y glorioso.
Clodobeo	¿Viste al Godo?
Conde	Certifico
que la gente de Alarico
es sin número.
Clodobeo	La mía
es muy poca.
Conde	Mas fía
en tu pecho fuerte y rico.

    Con ejército pequeño
se hizo Alejandro dueño
del poder de su contrario
y el ejército de Darío
fue pintura, sombra y sueño.
    Ejército de gigantes
con caballos y castillos
en espaldas de elefantes
suele a veces destrüillos
el orden de cien infantes.
    Vencedor te considero.
Acomete al godo fiero
con presteza y ten memoria
que es parte de la victoria
el acometer primero.

Aureliano	Como, señor, te suspendes siendo fuerte sin segundo, a tu valor mismo ofendes si de Italia y todo el mundo la sujección no pretendes. De tus contrarios te venga. Derriba al Rey por el suelo y haz que su curso detenga; y pues tiene un Sol el cielo solo un Rey el mundo tenga.

Clodobeo	Por el cristal de ese río
	pase el ejército mío
	que solo me habrá pesado
	si al pasar del otro lado
	no le abrasa el fuego mío.
	   Tocad luego a acometer,
	y esta batalla que ofrezco
	desotra parte ha de ser
	de ese río a quien parezco
	que atrás no puedo volver.
	   Pasemos de la otra parte
	y tremola mi estandarte,
	¡por Marte, y por Cristo vos!

Crotilda	Ese marte solo es Dios, que es el verdadero marte.

(Tocan. Vanse, tocando a marchar, y de dentro dice Alarico.)

Alarico	Ya pasan con arrogancia a que cortemos sus cuellos los franceses sin constancia.

Unos	¡Apriesa, a ellos, a ellos!
Clodobeo	¡Cierra, Francia! ¡Cierra Francia!

(Sale Alarico.)

Alarico	¿Es posible que pueden los franceses resistir a los golpes de estos brazos a quien el mundo reverencia y teme? ¿Sabéis como me llaman Alarico y de los godos soy el Rey famoso?

(Sale Aureliano.)

Aureliano	Sabemos que tu muerte vas buscando.
Alarico	Pues agora sabréis cuanta es mi fuerza.

(Vanse acuchillando y salen Teodato y Amalasunta.)

Teodato	A tu lado tendrás, Amalasunta, un pecho que te adora y te defienda aunque hasta agora no me has conocido.
Amalasunta	El favor agradezco, caballero.

([Éntranse] y sale Clodobeo tras unos soldados.)

Clodobeo	¡Oh, bárbaros altivos y arrogantes! ¿Contra mi gran poder os atrevisteis? Pedazos he de haceros en mis brazos.
Soldado	Eres rayo, eres monstruo.

Clodobeo Soy la furia
que del lago infernal viene a vosotros.

(Éntranse y dice de dentro Alarico.)

Alarico ¡Acometa el ejército sin orden,
pues que hay pocos franceses, mueran todos!

Todos ¡Viva, Alarico el Rey.

Alarico ¡Victoria, godos!

(Sale Clodobeo con un escudo quebrado.)

Clodobeo ¡De qué sirven las fuerzas de estos brazos
y ser el ánimo invencible de este pecho?
¿De qué sirven los golpes de esta maza?
¿De qué sirve el espanto de mi nombre
si con él me acontece lo que Alcides
con la [hidra que al] querer cortar un cuello
para uno que se cortan, nacen siete?
¡Oh, gran temeridad de los franceses!
Mas temerario ando en esta guerra
que en el infierno anduvo el gran Teseo.

(Sale Crotilda y quédase a la puerta.)

Crotilda No invoques a los dioses, Clodobeo.
Al verdadero Dios adora y llama
que el número y sin número de godos
la flor de Francia corta y aniquila.

Clodobeo ¡Ay, Francia, que hasta agora terror fuistes
del mundo universal! ¿En qué miseria

                    te ha puesto el temerario pecho mío?
                    ¡Ay, Francia! Mas ¿qué digo? ¡Ay, padres tristes
                    viva el francés! No importa que lo diga,
                    pues que vienen mil godos contra uno.
                    ¡Ay, escudo, a qué tiempo me has faltado!
                    Y borradas mis armas, ¡mal agüero!
                    Eterno Dios a quien mi esposa adora,
                    pues que sois la justicia y fortaleza,
                    ayudad al francés que yo os prometo
                    que apenas habré visto la victoria
                    cuando creyendo en vuestro ser inmenso,
                    por vuestro me apellide y sea cristiano,
                    y que cristiana sea toda Francia
                    haré, sin que gentil jamás consienta.
                    Un reino ganarás, Dios verdadero,
                    por la victoria que ganar espero.

(Aparécese un ángel con un escudo, pintadas en él tres flores de lis, de oro.)

Ángel   Aunque tan pocos venís,
                volveréis con más jactancia
                vencedores a París,
                y tenga por armas Francia
                estas tres flores de lis.
                   La ley del Divino Coro,
                con valor, celo y decoro
                defenderás desde hoy,
                y así por armas te doy
                campo azul y flores de oro.

(Toma el escudo [Clodobeo] y desaparécese el ángel.)

Clodobeo   Si el cielo todo se espanta
                de que tan rico me nombras,

113

inmensa es tu gloria santa
pues las vislumbres y sombras
han dado a mis ojos tanta.
   Santo escudo, prenda cara,
tu venida me declara
mi salvación, mi consuelo;
porque un escudo del cielo
golpes de infierno repara.
   Y siendo mi Dios así,
yo debo por muchos modos
daros las gracias aquí
que once hiciste para todos
y éste solo para mí.
   Como estáis muerto de amores
por todos los pecadores,
y de mí os enamoráis,
como galán me enviáis
un ramillete de flores.
   ¿Quién duda que en vuestro coro
jardines santos habrá?
Mas, decidme, Dios que adoro,
la fruta, ¿de qué será
si las flores son de oro?
   Ya no habrá quien me resista
que yo de decir desista;
que vos, Señor, sois sin fin
y la fruta del jardín
dais a comer por la vista.
   Mas ya mis brazos fieles
los lirios han de trocar
en encarnados claveles
con sangre que han de sacar
de aquestos godos infieles.
   Ah, mi Crotilda, ¿aquí estás?

	¿Por qué un abrazo no das a quien has hecho cristiano? Mete en mi pecho la mano si a tu Dios buscando vas. Ya bien podemos tener hijos los dos. Bien he visto que hasta aquí no pudo ser que nos diese fruto Cristo a medias con Lucifer.
Crotilda	Eterno Dios, obra es vuestra.
Clodobeo	Grande ejército demuestra pero la victoria es mía.
Crotilda	Decir puedo con María que dais poder a mi diestra.
Clodobeo	Hoy en el pueblo cristiano el día de San Martín por mi devoto le gano.
Crotilda	Poderoso Dios, al fin es obra de vuestra mano.

(Éntranse por una puerta y toquen a rebato y salgan por otra puerta huyendo los [soldados] godos y Clodobeo tras ellos.)

Clodobeo	Hoy habéis de ser despojos de la muerte.
Soldado 1	No lo dudo, Rey, enfrena tus enojos.

Soldado 2	Rayos arroja este escudo que nos deslumbra los ojos.
Clodobeo	El que vence es Dios eterno, y yo justicia administro de su poder sempiterno.
Soldado 3	Huyamos porque es ministro de las furias del infierno.

(Mételos a cuchilladas y quédase allí y sale el conde pasado con dos saetas y un escudo blanco en la mano.)

Conde	Vengo, señor, de matar tan fatigado y sangriento que me ha faltado el aliento para poder pelear. 　No me aflige ni da pena ver mi sangre helada y fría que por esta mano mía he vertido mucha ajena. 　Dame, pues, algún blasón que este escudo traigo en blanco para que te muestres franco con toda mi sucesión. 　Moriré con esto ufano y será grande corona de Aragón y Barcelona tener armas de tu mano.
Clodobeo	De estas flores que los cielos me han presentado, una os diera pero, Conde, no quisiera daros con dárosla celos;

| | que el que gloria me promete
me dio en flores la esperanza
y será mala crianza
deshacer el ramillete.
Mas, pues, sangre vertéis ya
por dar a Francia favores,
no será el blasón de flores
pero de sangre será.
Y de esta vuestra que pudo
ver vuestras obras perfetas
señalaré cuatro vetas
en el campo de ese escudo.
El mundo dirá después
en cuanto alumbrare el Sol
que ésta es sangre de español
derramada a lo francés.
El cielo que nos gobierna
que es honroso blasón sabe,
y aunque el linaje se acabe
vuestra sangre será eterna.
Y de suerte derramáis
vuestra sangre hermosa y bella,
que por vivir más con ella
a este escudo la prestáis. |

Conde

Honrado blasón me das,
y pues con sangre te esmalta
si para pintarla falta,
yo quiero volver por más
    Y así dirá Barcelona
que le ha costado interés.

Clodobeo

¡Ah, español aragonés!,
¿quién te diera una corona?

(Sale Alarico.)

Alarico   ¿Quién es el Rey Clodobeo?

Clodobeo   Yo, que mi nombre publico.

Alarico   ¿Sabes que soy Alarico
               y que matarte deseo?
                  ¿Sabes como he dado asombros
               hasta el infierno profundo
               y que las fuerzas del mundo
               estriban sobre estos hombros?
                  ¿No sabes que rayo airado
               el fuerte español me llama
               y que da voces mi fama
               desde el astro al polo helado?

Clodobeo   Sé que como mal cristiano
               en la fe de Jesucristo,
               mezclar errores te han visto
               en la secta de Ariano.
                  Y sé que con estos brazos
               te he de dar agora muerte.

(Quiebra la maza Clodobeo al primer golpe.)

Alarico   ¡Fuerte espada!

Clodobeo   No es muy fuerte
               pues no te hizo pedazos.
                  Mas pues tú, bárbaro godo,
               siendo Hércules Clodobeo,
               te atreviste como Anteo,

                        acabarás de este modo.

(Ásense a brazos.)

Alarico   A un monte abrazas. Disponte
                        a morir.

Clodobeo   No dispondré
                        que con un ascua de fe
                        se puede abrasar un monte.

Alarico   Soy un muro.

Clodobeo   Yo soy rayo,
                        que hiere con más violencia
                        donde halla más resistencia.

Alarico   Yo me ahogo y me desmayo.
                        ¡Tus brazos me han de ahogar!

(Hace que se ahoga y déjale junto a la puerta.)

Clodobeo   Son brazos de mar profundo
                        que el hombre es pequeño mundo
                        y en el mundo ha de haber mar.

Alarico   ¡Ay!

Clodobeo   Ya es muerto. Aquí lo llevo
                        porque su gente le vea
                        y espanto de todos sea.

Aureliano   ¿Tienes ya espíritu nuevo?

(Sale Aureliano.)

Clodobeo Pues falta capitán
a su gente, acometamos.

Aureliano ¿Y tus armas?

Clodobeo Estos ramos
una maza me darán.
Un tronco desgajaré
que no he menester espada
para gente acobardada.

Aureliano ¡Grande valor! ¡Grande fe!

(Vase Aureliano. Tocan chirimías y sale san Martín arriba con una espada.)

San Martín Yo soy Martín, Clodobeo,
que celebrando mi día
tus llantos y voz oía,
tu devoción y deseo.
  Y, pues que por abogado
hoy a mí me has escogido,
esta espada te he traído
que es digna de tal soldado.
  En otro tiempo, yo mismo
me ceñí la que te doy.
Págamela con que hoy
tomes agua del bautismo.

(Dale la espada y vase.)

Clodobeo ¿Quién en aquesta edad nuestra
tal bien mereció de vos?

                        Mi bien cumplido se muestra
                        que para escudo de Dios
                        me faltaba espada vuestra.

(Sale Leoncio.)

Leoncio   La gente se desordena
                        y a la ciudad de Viena
                        se van retirando todos.

Clodobeo   Sigamos, pues, a los godos.
                        ¡Arma! [¡Seguid!]

Leoncio   ¡Norabuena!

(Vanse y salen huyendo dos o tres soldados.)

Soldado 1   A la fuerte ciudad nos recojamos,
                        pues tan trágico fin tuvo la guerra
                        que no pudo un ejército copioso
                        vencer a ese francés.

Soldado 2   Falta Alarico.
                        También Amalasunta no parece.

Soldado 3   Entre la gente goda queda, que ya viene.
                        ¿Qué podremos hacer sino apartarnos
                        en el alcázar de la gran Viena?
                        ¡Ah, de los muros fuertes! ¡Ah, soldados!
                        El ejército viene retirándose,
                        y nosotros a avisar hemos venido.
                        Que las puertas abráis.

(Asómase al muro un soldado.)

Soldado 4	¿Viene Alarico?
Soldado 2	Murió por nuestro mal.
Soldado 4	¡Oh, gran desdicha! Luego nos cerca el grande Clodobeo por cobrar la ciudad que le ganamos.
Soldado 1	Abrid las puertas porque cerca suenan ya las trompetas y francesas cajas.
Soldado 3	¡Ah, suceso infelice! ¡Ah, dura suerte! ¡Ejemplo de Fortuna variable! ¡En nada el corazón del hombre acierta!
Soldado 1	¿Ya no abren?
Soldado 2	Cielo es esta puerta.

(Éntranse y salen el conde, Clodobeo, Leoncio, Crotilda, y otros.)

Clodobeo	Las puertas les abrieron. No pudimos alcanzar esa gente fugitiva.
Conde	El temor les prestó veloces plantas.
Clodobeo	Cerco pondremos, y aunque más resista o por hambre o por sed han de entregarse con la ciudad, que un tiempo ha sido mía. Mas, ¿qué espero trayendo tales armas? Romped las puertas.

(Sale Crotilda en el muro con la espada.)

Crotilda	Valerosa espada,
	si con Cristo partir capa supiste
	parte murallas hoy con los franceses
	que a tu dueño también le cabe parte.
Conde	El muro tiembla todo. ¡Oh, Santo Cielo!

(Cáese un lienzo del muro.)

Crotilda	La muralla se inclina humilde al suelo.
	¡Prodigios y milagros no pensados!
	¡Hazañas y favores nunca oídos!
	¡Alabado, mi Dios, mil veces sea!
	¡Bendito vuestro nombre entre las gentes!
Clodobeo	Entremos a gozar de esta victoria
	y al momento imagino bautizarme;
	y si vasallo mío no me imita
	salir tiene de Francia desterrado.
Conde	Vuestra es, inmenso Dios, tan gran victoria.
Todos	¡Victoria!

(Éntranse todos diciendo «victoria» y salen Clodomira y Aureliano.)

Clodomira	Gente viene hacia nosotros
	y de los godos parecen.
Aureliano	A buena ocasión se ofrecen.
	Morirán como los otros.
	Escóndete.

(Escóndese y salen Teodato con una corona de laurel en la mano y Amalasunta.)

Teodato
    Este laurel,
aunque hasta aquí no has vencido,
te he de poner porque has sido
tan ingrata como él.

Amalasunta
    ¡Ingrata yo! ¿De qué suerte?

Teodato
    Porque como tigre brava
a un hombre que te adoraba
en Francia le diste muerte.

Amalasunta
    Yo lo hice, pero ya
vivo tan arrepentida
que mujer agradecida
más que yo no se hallará.
   Y de haberme acompañado
a mi lado en las batallas
tan obligada me hallas
que serás mi desposado.

(Aparte.)
    (Sin duda es el caballero
que me dijo Teodato.)

Aureliano
    Sal, señora, con recato
que cautivarlos espero.
   ¡Dense o mueran!

Amalasunta
    ¿De qué suerte
se han de dar los que primero
rindieron al godo fiero
dándoles furiosa muerte?

Clodomira	Al fin, al fin has llegado, traidor ingrato y esquivo, a ser esclavo y cautivo de las manos que has atado. En una cosa este pecho dirá el mundo agradecido en que a pagarme has venido el mal que me tienes hecho.
Teodato	Clodomira, yo confieso que te he dejado ofendida, mas yo podré con la vida pagarte, pues soy tu preso.
Aureliano	¿Amalasunta hermosa, presas vuestras manos bellas de las mías?
Amalasunta	Y por ellas soy cautiva venturosa.
Aureliano	Pues con esto buen intento la vida de quien recibo, aquí tenéis un cautivo, mi Clodomira os presento porque esta presa no es para valor tan pequeña.
Amalasunta	Pues sois, señora, mi dueño quiero besaros los pies.
Clodomira	¡Oh, Amalasunta gallarda! Vuestra soy si lo merezco y en señal de esto os ofrezco

125

    al que fe y amor os guarda.
  El que quisisteis matar
cobró en mis manos salud.
Matólo la ingratitud
y volvió a resucitar.
    Ya Teodato está delante.
Premiarle su amor podrás
y así te convertirás
en un rubí de diamante.

Amalasunta   ¿Vivo estás?

Teodato   Sí, y admirado
del fruto de Clodomira
que mi ingratitud me admira.
Su clemencia me ha espantado.

Clodomira   ¡Ea! Desposaos con él
y agradeced su pasión.
No ciñáis el corazón
con la fuente del laurel.
    Yo al famoso Aureliano
que se casó Teodato,
si he de olvidar a un ingrato
te doy de esposa la mano.

Aureliano   Dichoso yo dos mil veces.
¿Quién tan feliz pudo ser?

Amalasunta   Lo mismo quiero yo hacer
pues que también me mereces.
    Tuya soy.

Teodato   ¡Oh, gran ventura!

            [...]
            [...]
            [...]

(Sale Leoncio.)

Leoncio   ¡Oh, Clodomira famosa!
                     De parte de Clodobeo
                     vengo a buscarte.

Clodomira   Ya veo
                     que en todo soy venturosa.

Leoncio   En Viena ha sucedido
                     un caso que pienso yo
                     que ni la fama lo oyó
                     ni el dorado Sol lo vido.
                         Prometió de ser cristiano
                     el Rey y dalle favores:
                     un escudo con tres flores
                     bajó del cielo a su mano.
                         Bautizarse agora quiso
                     dando a todos raro ejemplo.
                     Puso lo pies en el templo
                     y le volvió paraíso.
                         Vino allí un obispo santo
                     que se halló en la ciudad,
                     varón de mucha verdad,
                     del infierno horror y espanto.
                         A bautizarse llegó
                     y desnudóse el Rey mismo
                     para el agua del bautismo,
                     pero la crisma faltó.
                         Y suspensos los dos,

vueltos los ojos al cielo,
las rodillas en el suelo
y estas palabras en Dios:
　«¿No recibes, Dios inmenso,
de este Rey algún presente
pues que trajo del oriente
el moro, mirra e incienso?».
　«Tráigoos para mi paciencia
el oro de devoción,
incienso de contrición,
la mirra de penitencia.
　Tras de aquesta voluntad
os prometo el alma misma,
y dadme, Señor, la crisma
que falta en esta ciudad.»
　Y así arrojando centellas
con un dorado arrebol,
se puso en el templo un Sol
que a todos nos hizo estrellas.
　Y por esta luz asoma,
cercada de un santo coro,
con una ampollera de oro
en el pico una paloma.
　A las manos con instancia
vino y quedó bautizado
y la crisma se ha quedado
para los reyes de Francia.
　Mandó pregonar el Rey
que quien no se bautizare
por indigno se declare
de su reino y de su ley.
　Todos se van bautizando.
No queda ningún francés
que ya cristiano no es.

Ya el Rey estará esperando.
Porque según el rüido
y la alegre novedad
creo que por la ciudad
él, bautizado, ha salido.

(Chirimías. Vanse y salen Clodobeo, vestido de cristiano, con la gente de acompañamiento delante, que pudiere, con fuentes, [rebollos] y jarras, y un estandarte sembrado de flores de lis de oro y otro con los sapos.)

Clodobeo   Mi Crotilda, eterna palma
                os dé el cielo verdadero,
                pues sois el móvil primero
                de los cielos de mi alma.
                   Sois de mi pasado abismo
                la gloria y eterna luz.
                Sois la fuente y arcaduz
                del agua de mi bautismo.
                   Al fin, señora, por vos,
                que el cielo y Sol habéis sido,
                un alma no se ha perdido
                tan eterna como Dios.

Crotilda   Vos, señor, salís agora
                de una fuente y paraíso
                donde el alma hecho narciso
                de sí misma se enamora.
                   Salís de una agua hermosa
                donde entrasteis pedernal
                y en la piedra de cristal
                os hizo piedra preciosa.
                 De un agua santa salís
                que dará con su valor
                vida, frescura y valor

	a vuestras flores de lis.
Clodobeo	Levantad un estandarte sembrado de flores santas.
Leoncio	Con ellas al mundo espantas y al cielo has de levantarte.

(Salen Aureliano y Teodato, Clodomira y Amalasunta. Híncanse de rodillas delante del Rey.)

Aureliano	Debajo de tal bandera se postran cuatro soldados ya cristianos y casados.
Clodobeo	Saber cuáles son quisiera.
Amalasunta	Los que aquí humillados ves creen en Dios y son cristianos.
Clodobeo	El pecho, el alma, las manos he de daros, no los pies. 　Levantad, damas hermosas, fama de todos los hombres que eternizáis vuestros nombres entre mujeres famosas 　el casamiento de todos y la fe que recibís, con otras flores de lis que el cielo ha dado a los godos. 　Vamos al templo sagrado lleno de nuevas grandezas. Mejorará las cabezas el agua que me ha lavado.

Y esta vuestra grande instancia
la historia podrá acabarse
y empiece a comunicarse
las flores de lis de Francia.

Fin

Libros a la carta

A la carta es un servicio especializado para
empresas,
librerías,
bibliotecas,
editoriales
y centros de enseñanza;
y permite confeccionar libros que, por su formato y concepción, sirven a los propósitos más específicos de estas instituciones.

Las empresas nos encargan ediciones personalizadas para marketing editorial o para regalos institucionales. Y los interesados solicitan, a título personal, ediciones antiguas, o no disponibles en el mercado; y las acompañan con notas y comentarios críticos.

Las ediciones tienen como apoyo un libro de estilo con todo tipo de referencias sobre los criterios de tratamiento tipográfico aplicados a nuestros libros que puede ser consultado en Linkgua-ediciones.com.

Linkgua edita por encargo diferentes versiones de una misma obra con distintos tratamientos ortotipográficos (actualizaciones de carácter divulgativo de un clásico, o versiones estrictamente fieles a la edición original de referencia).

Este servicio de ediciones a la carta le permitirá, si usted se dedica a la enseñanza, tener una forma de hacer pública su interpretación de un texto y, sobre una versión digitalizada «base», usted podrá introducir interpretaciones del texto fuente. Es un tópico que los profesores denuncien en clase los desmanes de una edición, o vayan comentando errores de interpretación de un texto y esta es una solución útil a esa necesidad del mundo académico.

Asimismo publicamos de manera sistemática, en un mismo catálogo, tesis doctorales y actas de congresos académicos, que son distribuidas a través de nuestra Web.

El servicio de «libros a la carta» funciona de dos formas.

1. Tenemos un fondo de libros digitalizados que usted puede personalizar en tiradas de al menos cinco ejemplares. Estas personalizaciones pueden ser de todo tipo: añadir notas de clase para uso de un grupo de estudiantes, introducir logos corporativos para uso con fines de marketing empresarial, etc. etc.

2. Buscamos libros descatalogados de otras editoriales y los reeditamos en tiradas cortas a petición de un cliente.

www.ingramcontent.com/pod-product-compliance
Lightning Source LLC
Chambersburg PA
CBHW051653040426
42446CB00009B/1123